刘锦祺 编著

象棋自学

一月通

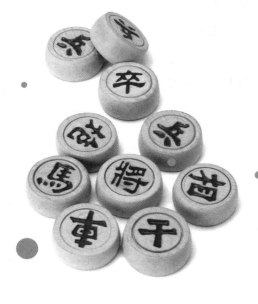

全国百佳图书出版单位

化学工业出版社

·北京·

图书在版编目（CIP）数据

象棋自学一月通/刘锦祺编著. —北京：化学工业
出版社，2022.1
ISBN 978-7-122-40257-8

Ⅰ.①象… Ⅱ.①刘… Ⅲ.①中国象棋-基本知识 Ⅳ.
①G891.2

中国版本图书馆CIP数据核字（2021）第228556号

责任编辑：杨松淼　　　　　　　　　　装帧设计：普闻文化
责任校对：王鹏飞

出版发行：化学工业出版社（北京市东城区青年湖南街13号　邮政编码100011）
印　　装：三河市延风印装有限公司
710mm×1000mm 1/16　印张16　字数220千字　2022年2月北京第1版第1次印刷

购书咨询：010-64518888　　　　　　售后服务：010-64518899
网　　址：http：//www.cip.com.cn
凡购买本书，如有缺损质量问题，本社销售中心负责调换。

定　　价：49.80元　　　　　　　　　　　版权所有　违者必究

前　言

记得在几年前，我当时所在的道场曾经为12～14岁年龄段的学生办过一次速成班。考虑到这些孩子平日校内学习任务比较繁重，道场的教练们在编写教材时主要把握两点：一是侧重基础内容，二是侧重以点带面。即通过系统的基础内容搭建，培养学生一定的象棋自学能力。同时在此基础上，通过以点带面的"留白"方式，为学生刻意留出学习和探索的空间。实践证明，这次速成班的培训效果是非常不错的。

那次培训经历给了我很大的启发，此次我也将其中的很多教学方式和理念融入了本书的创作中。因此，现在呈现在读者朋友们面前的，不仅是一本象棋自学参考书，同时也是经过系统整理、优化后的，经过实际教学成果检验的，实用性较强的"象棋教案"。

在编写体例上，笔者进行了特殊的设计尝试，将全书内容以一个月（30天）的时间维度来进行分配。每天的"学习目标"一栏，起到提纲挈领的作用，用以帮助大家了解每天要学习的大致内容，具体的技法则是以"知识点"的形式出现，尽量使教学内容更加简洁明快一些。这样读者朋友可以快速了解每日的学习目标，同时在学过之后，也能清楚地认识到自己已经学习了哪些知识，还有哪些内容没有涉及到，从而更便于确定自己需要补充学习的技法类型，更好地完善自己的知识结构。

全书由常识、杀法、残局、中局、布局共五个单元100余个知识点构成，基本涵盖了入门阶段到提高阶段所需的全部知识体系和技法内容。按照中国象棋协会颁布的《棋手技术等级管理办法》，充分吃透本书中的内容，大约可以从象棋入门一路提升至业余4级棋士左右的棋力水平。

书山有路勤为径，学海无涯苦作舟。身为本书的作者，我希望通过这本书能够让大家喜欢上象棋，更希望本书能够为读者朋友们的棋艺成长提供有力的帮助。同时作为一名象棋教练员，也想和读者朋友们分享：象棋是一门易学难精的益智类游戏，除了热爱，想提升棋艺水平更需要日复一日的学习和刻苦的训练。能吃得了苦，耐得住寂寞，既是一种态度，也是一种能力，更是一名优秀棋士的综合素养！

　　本书在编写过程中，得到赵庆阁大师、张弘老师、刘丽梅大师、李志刚老师等多名象棋教育专家的帮助和指导，在此深表谢意。书中若有纰漏之处，还请各位读者朋友批评指正。

刘锦祺

目录

常识篇

第 1 天

基本常识（一）

【学习目标】认识棋盘的区域和主要线路的名称，学会棋子摆放的位置，掌握兵、帅的走法和吃子方法。

知识点 1：棋盘

象棋的棋盘，由 9 条直线和 10 条横线交叉组成，共有 90 个交叉点，棋子就摆放在这些交叉点上。

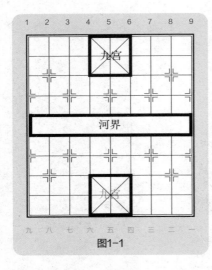

图1-1

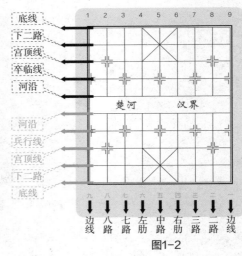

图1-2

如图 1-1 所示，棋盘两端由斜交叉线组成的区域即图中正方形部分，称为九宫。九宫是红、黑双方的战略要地，同时也是红帅和黑将的唯一活动区域。棋盘中间直横断开处称为"河界"。河界本身不属于红方或黑方的任何一方，它是红方阵地和黑方阵地的分界区域。

如图 1-2，我们通常从己方的右手边起为"一"，一共是 9 条纵线。为了区别，红方用汉字的一~九来表示；黑方用阿拉伯数字的 1~9 来表示。纵线从最右边一条线开始，每条线的名称分别是边线、二路、三路、右肋、中路、左肋、七路、八路、边线。

横线共有 10 条，从红方底线数起到河沿分别是底线、下二路、宫顶线、兵行线、河沿（巡河线），另一边黑方的名称也基本是相同的。知道了这些线，就知道了棋盘的坐标点，这对我们学棋是非常重要的。

知识点 2：棋子

象棋的双方共计有 32 枚棋子，分为红、黑两种颜色。红黑双方各 16 枚棋子，共分 7 个兵种，其名称和数目如下。

红方棋子：帅一个，仕、相、马、车、炮各两个，兵五个；

黑方棋子：将一个，士、象、马、车、炮各两个，卒五个。

其中，帅 = 将、仕 = 士、相 = 象、兵 = 卒，这四对棋子是对应关系，性能相同，只是为了区分红、黑双方子力，而采用不同的名称。

知识点 3：不可过河的棋子和可过河的棋子

（1）不可过河的棋子

红方有帅、仕、相三个兵种不可过河，其中帅和仕不能走出九宫；

黑方有将、士、象三个兵种不可过河，其中将和士不能走出九宫。

（2）可过河的棋子

红方有车、马、炮、兵四种棋子可以过河；

黑方有车、马、炮、卒四种棋子可以过河。

知识点 4：棋子摆法

帅和将的初始位置在各自九宫底线的正中（图 1-3）。

如图 1-4，红仕在紧贴红帅的左右两边，黑士在紧贴黑将的左右两边。

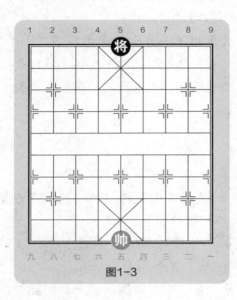

图1-3

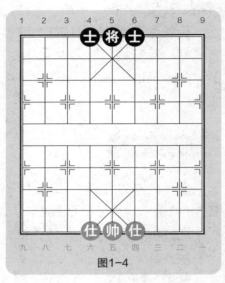

图1-4

如图 1-5，红相分别在红仕的外侧，黑象分别在黑士的外侧。

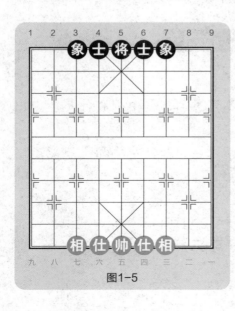

图1-5

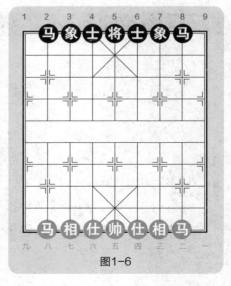

图1-6

如图 1-6，红马分别在红相的外侧，黑马分别在黑象的外侧。

如图 1-7，红车分别在红马的外侧，黑车分别在黑马的外侧。

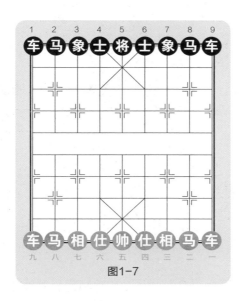

图1-7

如图 1-8，红炮、黑炮，分别放在各自的两个炮位十字星上。

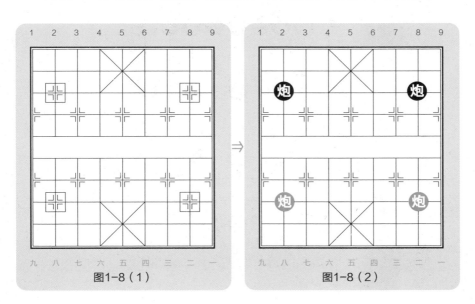

图1-8（1）　　　　　图1-8（2）

如图 1-9，红兵、黑卒，分别放在各自的五个兵（卒）位上。

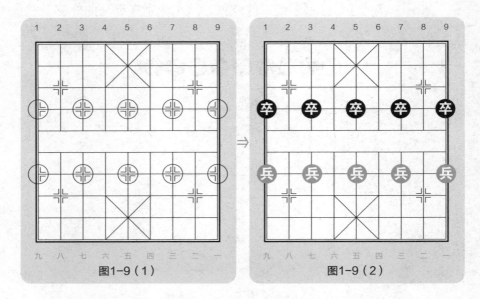

图1-9（1） ⇒ 图1-9（2）

如图 1-10，是象棋 32 枚棋子在对局起始状态的位置。

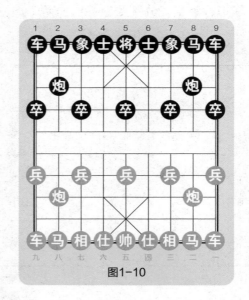

图1-10

【助记要点】

五兵五卒前排列，两门大炮列两边。

主帅（将）居中线，仕（士）相（象）马车排排站。

知识点5：兵（卒）的走法与吃子

如图1-11，兵（卒）在过河界前，每着只许向前直走一格；过河界后，每着可向前直走或横走一格，但不能后退，进入九宫以后也不可以斜走。

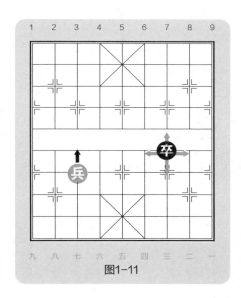

图1-11

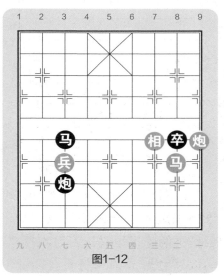

图1-12

在兵（卒）能够走到的点有对方棋子存在，就可以把对方棋子吃掉，但不可以吃掉己方的棋子。如图1-12所示，红兵可以吃掉黑马，但是不能吃掉黑炮；黑卒可以吃掉红相、红炮、红马中的任意一子。

【助记要点】

兵卒作战不后退，未过河时向前冲。

过河以后增技能，可左可右更自由。

知识点 6：帅（将）的走法与吃子

如图 1-13，帅（将）每着只许走一格，只能在九宫内前、后、左、右移动。规则规定，任何一方走子后，都不准形成帅、将在同一条线上直接对面，否则走子的一方判负（图 1-14）。

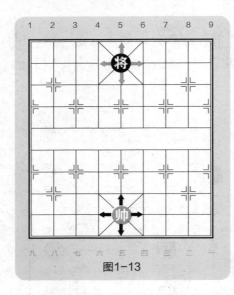

图1-13

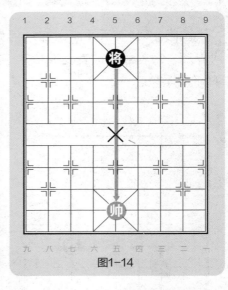

图1-14

如图 1-15 所示，红帅可以吃掉黑炮和黑卒中的任意一个，但是不能吃掉黑马，因为吃掉黑马以后会形成帅和将直接对面，这是规则不允许的。黑将不可以走出九宫以外吃掉红马，因此，黑将无子可吃。

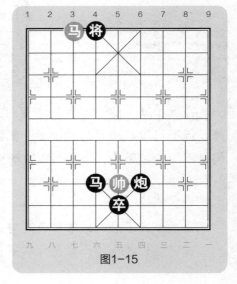

图1-15

【助记要点】

帅将稳坐中军帐，前后左右自由行。

一次一格走得稳，永远不离九宫城。

第1题：在棋盘上画出河界及双方九宫的所在区域。

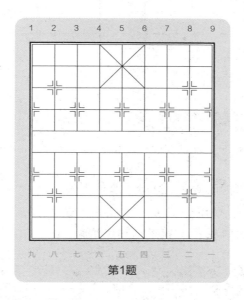

第1题

第2题：下列哪个棋子是不能过河的？

第3题：观察棋盘，找到站错位置的棋子。

第4题：红兵可吃掉黑方哪些棋子？

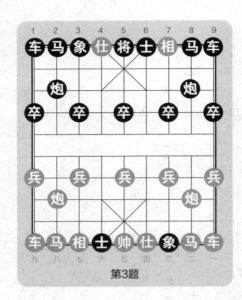

第3题

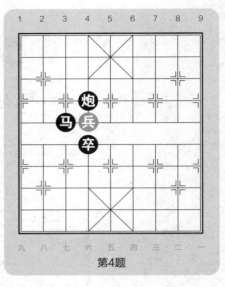

第4题

第5题：红帅和黑将谁的吃子选择更多？

第6题：如果在棋盘上加一个红兵，放在哪个位置，可以同时捉（下一着吃掉对方的棋子）到黑马和黑炮？

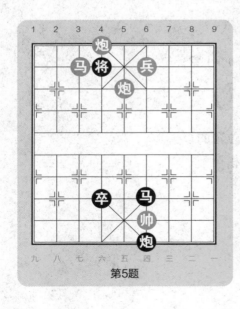

第5题

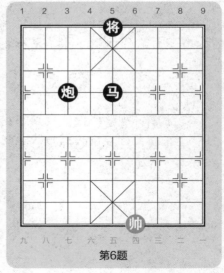

第6题

基本常识（二）

【**学习目标**】掌握车、炮、马、相（象）、仕（士）的走法和吃子方法。

知识点 1：车的走法与吃子

车的走法：车每着可直进、直退、向左或向右不限格数，但不能隔子而行。

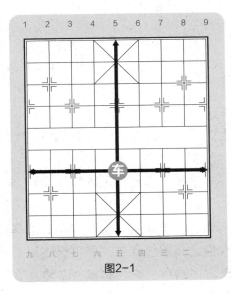

图2-1

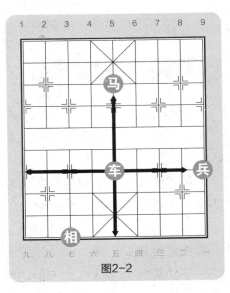

图2-2

如图 2-1，红车最远可以走到两个底线和左、右两个边线，或者在这个范围内选择任一位置作为落点，红车一共可以控制 17 个点。

　　如图2-2，由于有红马和红兵的限制，红车可以控制的点位明显减少，红车向前最远只能走到马前面的交叉点，向右最远只能走到兵左侧的交叉点，一共可以控制13个点。红相和车不在一条直线上，对车的活动没有影响。

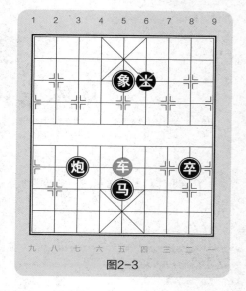

图2-3

　　车的吃子方法：在车可以行进的路线上，如果有对方的子力，就可以吃掉它，并占领那个点。

　　如图2-3，红车可以吃掉黑马、卒、炮、象四个棋子中的任何一个，但是无法吃掉不在行棋路线上的黑士。

【助记要点】

　　车走直线不转弯，行棋快速如闪电。

　　遇到己子绕不过，看到敌子能吃掉。

知识点2：炮的走法与吃子

　　炮的走法与车的走法相同。

　　如图2-4，黑炮最远可以走到上、下、左、右四个边线的A、B、C、D点上。

　　炮的吃子方法：炮吃子时必须隔一个棋子（无论是本方还是对方的棋子）跳吃，俗称"炮打隔山子"。

　　如图2-5，红炮可以借红兵为炮架，吃掉黑象；也可以借助黑卒为炮架吃掉黑马。黑方的1路卒与红炮之间隔着两子，不符合隔一子吃一子的规定，因此红炮不能吃掉黑方1路卒；红炮与黑方7路卒之间没有炮架，同样不能吃掉黑方的7路卒。

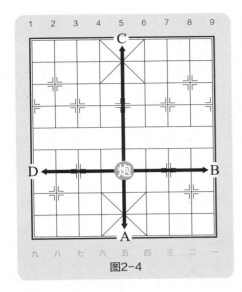

图2-4

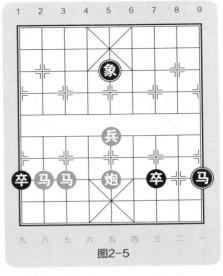

图2-5

【助记要点】

淘气炮，真特别。

学车走，快如风。

想吃子，隔一子。

知识点 3：马的走法与吃子

马的走法是一直一斜，即每一着先直着走一步（横竖均可），然后再在这个落点基础上斜走到对角线。马移动时，从起始点到落点，正好是汉字的"日"字，因此马的走法俗称"马走日"。

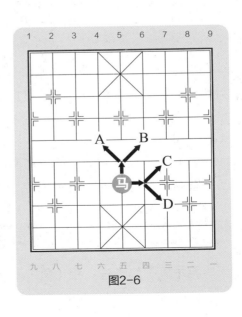

图2-6

如图 2-6，红马可向前走一步再斜走一步行棋到落点 A 或落点 B；也可横走一步再斜走一步走到落点 C 或落点 D。

如果马在直线方向上有一个贴住自己的棋子（无论是自己的还是对方的棋子），马都不能走过去，这称为"蹩马腿"。

如图 2-7，由于红炮与黑炮相对于红马处于"蹩马腿"的位置，A、B、C、D 四个落点红马都走不过去，但 1、2、3、4 四个落点的方向没有被蹩腿，依然可以走到。

马的吃子方法：马可以走到的落点上，如果有对方的棋子就可以吃掉它并占领那个点。

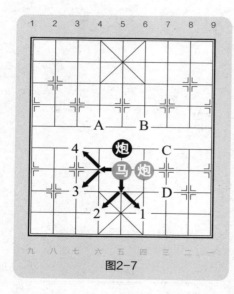

图2-7

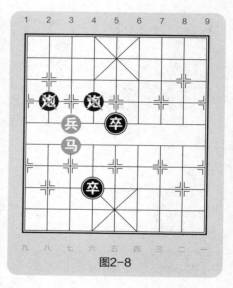

图2-8

如图 2-8，红马可以吃掉黑方两个卒中的任意一个；但是由于红兵蹩住马腿，两个黑炮，红马都吃不到。

【助记要点】

马走日字分两步，先走一直再斜冲。

最怕前方有子力，蹩住马腿不能动。

知识点 4：相（象）的走法与吃子

相（象）的走法：相（象）不能越过河界，每步斜走两格，可进可退，俗称"相（象）走田"。

如图 2-9，A、B、C、D 四个位置，红相都可以走到。

"塞相（象）眼"的规定：当移动方向上的"田"字中心有棋子（无论是本方的还是对方的），相（象）都不能走过去，俗称"塞相（象）眼"。

如图 2-10，由于红马和黑卒在"田"字的中间，所以红相无法走到 A 点和 B 点，只能在 C 点或 D 点两位置中选走一个。

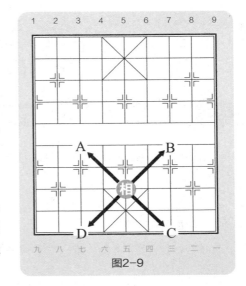

图2-9

注：红相和黑象的走法及"塞相（象）眼"的规则适用均相同。

相（象）的吃子方法：相（象）可以走到的位置上如果有对方的子力，相（象）都可以吃掉它并占领那个点。

如图 2-11，红相可以吃掉黑炮，但是不能吃掉黑卒；黑象可以吃掉红炮、红兵、红马三子中的任意一个。

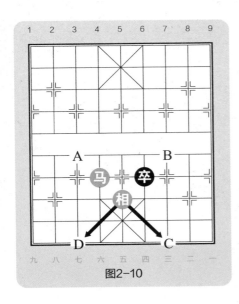

图2-10

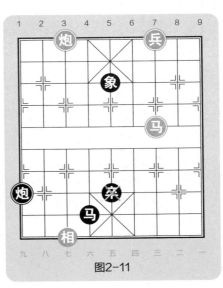

图2-11

【助记要点】

大象（相）胆子小，不敢游过河。

最怕塞象（相）眼，无法向前跑。

知识点5：仕（士）的走法与吃子

仕（士）的走法：每一步只许沿九宫中的斜线走一格，可进可退。

如图2-12，红仕可走到A、B、C、D四个位置中的任意一个落点。黑士走法同理。

仕（士）的吃子方法：行棋的落点上如果有对方棋子存在，就可以把对方棋子吃掉并占领那个点。

如图2-13，红仕可以吃掉黑方双马或双卒中的任意一子，但是黑炮不在红仕的行棋范围内，红仕无法吃掉黑炮。

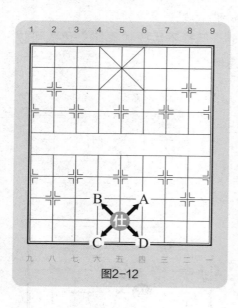

图2-12

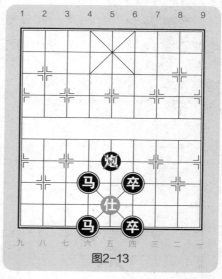

图2-13

课后练习

第1题：红车在哪个位置上，可以吃掉黑马和黑炮中的任意一子？

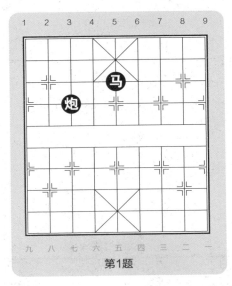

第1题

第2题：若在棋盘上添一个红相，放在哪里可以使红炮借助相的力量，吃掉黑卒？

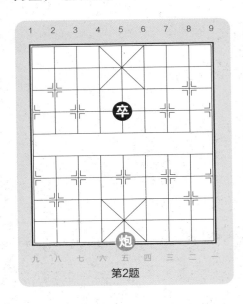

第2题

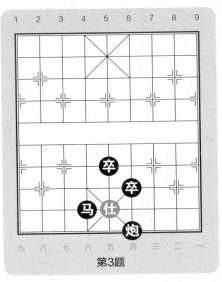

第3题

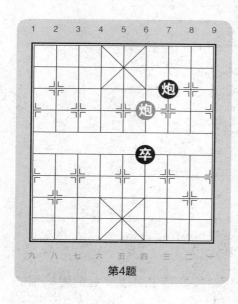

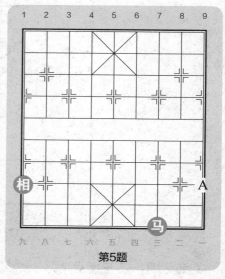

第3题：红仕目前有几种吃子的选择？分别是什么？

第4题：若在棋盘上添一枚红马，放在哪个位置，可以同时捉吃黑卒和黑炮？

第5题：红相和红马想到达A点，各自最少需要走多少步棋？

第4题

第5题

第 3 天
象棋语言

【学习目标】掌握象棋记录的语言和阅读棋谱的方法。

记谱是指用图和文字记述棋局的基本技术，而记载这些开局、中局、残局着法的图谱就是棋谱。我们按棋谱中所记述的棋局排演，可以学习名手对局中的精妙变化，探究棋手的棋艺风格。要记录棋谱中双方的着法内容，需要用到象棋的专用语言和记录方法。不懂象棋语言和记录方法就不会看棋谱，也不能把自己或者别人下的棋记录下来。因此，学习并熟练掌握象棋语言是非常重要的。

知识点 1：棋盘坐标

如图 3-1，棋盘上有九条竖线，竖线的序号都是从右向左依次排列，红方行棋时使用红方的序号，黑方行棋时使用黑方的序号。红方的序号用汉字的"一、二、三、四、五、六、七、八、九"表示；黑方的序号用阿拉伯数字的"1、2、3、4、5、6、7、8、9"表示。红方和黑方的序号正好相反，红方一路即是黑方9路。

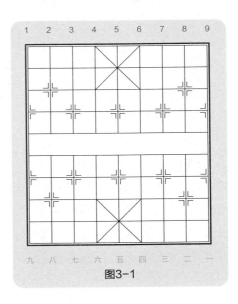

图3-1

【助记要点】

纵行九，横行十。

从右数，一到九。

知识点 2：进、退

棋子的走向可以用进、退、平三种方式来表示。其中红方子力向黑方底线方向行棋称为"进"，向己方底线方向行棋称为"退"，向左或向右移动称为"平"。黑方同理，向红方底线方向行棋称为"进"，向己方底线方向行棋称为"退"，左右移动称为"平"。

如图 3-2，红色箭头代表红方前进的方向，红车走到 B 点、红兵走到 C 点、红炮走到 D 点都是前进，用"进"来表示；黑色箭头代表红方后退的方向，红帅走到 A 点是后退，用"退"表示。同理，黑车走到 1 点、黑将走到 3 点都是前进，黑炮走到 2 点是后退。

如图 3-3，红马走到 A 点或 B 点、红相走到 C 点、红仕走到 D 点，都是前进；黑象走到 1 点、黑士走到 2 点、黑马走到 3 点或 4 点都是后退。

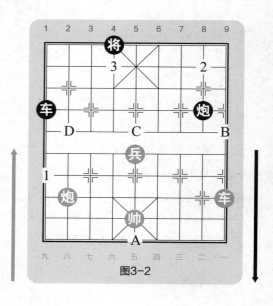

图3-2

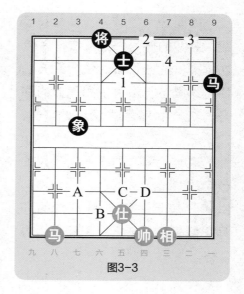

图3-3

知识点 3：平

直行棋子都有"进""退""平"三种走法，其中"平"是指棋子向左或向右移动。斜行棋子如相（象）、仕（士）、马均只有"进"或"退"两种走法，没有"平"的走法。

如图 3-4，红车走到 A 点或 B 点、红炮走到 C 点或 D 点、红兵走到 E 点或 F 点，都可以用"平"来代表棋子行进的方向。同理，黑车走到 1 点、黑炮走到 2 或 3 点、黑卒走到 4 点，也都可以用"平"来记录棋子的行棋方向。

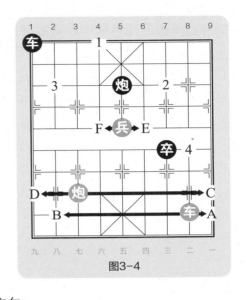

图3-4

知识点 4：进、退位置的表达方法

直行棋子：车、炮、兵（卒）、帅（将）进或退的距离是指向前或向后移动的格数（交叉点数）。

红方移动的格数（交叉点）用汉字表示，黑方移动的格数（交叉点）用阿拉伯数字表示。

如图 3-5，红帅走到 A 点——进一，红车走到 B 点——进五，红兵走到 C 点——进一，红炮走到 D 点——进三。黑车走到 1 点——退 3，黑将走到 2 点——退 1，黑炮走到 3 点——退 6。

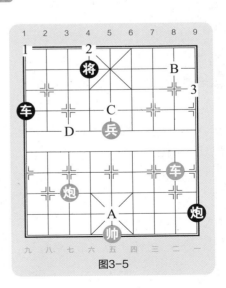

图3-5

斜行棋子：马、相（象）、仕（士）进或退的距离是固定的，向前或向后移动后的落点所在竖线的序号即可确定其位置。

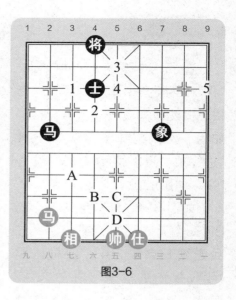

图3-6

如图3-6，红马前进到A点——进七，红马前进到B点——进六，红相前进到C点——进五，红仕前进到D点——进五。黑马后退到1点——退3，黑马后退2点——退4，黑士退到3点——退5，黑象退到4点——退5，黑象退到5点——退9。

知识点5：平的记录方法

记录直行棋子"平"的轨迹时，不能去数格数，而是用棋子的名称＋棋子起始位竖线序号＋平＋棋子所到达的交叉点所在的竖线序号来记录。

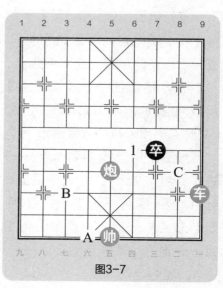

图3-7

如图3-7，红帅走到A点，记录方法：帅＋五路线＋平＋A点所在的六路线，即帅五平六。

红车走到B点，记录方法：车＋一路线＋平＋B点所在的七路线，即车一平七。

红炮走到C点，记录方法：炮＋五路线＋平＋C点所在的二路线，即炮五平二。

黑卒走到1点，记录方法：卒＋7路线＋平＋1点所在的6路线，即卒7平6。

知识点 6：棋子进或退的记录方法

直行棋子进退的记录方法：棋子名称＋原始位置＋行棋方向＋距离（交叉点）。

其中红方原始位置的竖线序号用汉字，黑方则用阿拉伯数字；进退距离的写法同样是红方用汉字表示，黑方用阿拉伯数字表示。

如图 3-8，红车走到 A 点，记录方法：车＋一路线＋进＋四格，即车一进四。

红兵走到 B 点，记录方法：兵＋五路线＋进＋一格，即兵五进一。

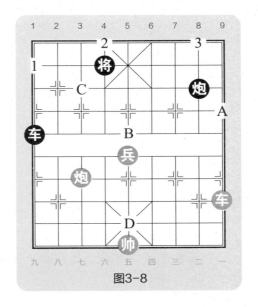

图3-8

红炮走到 C 点，记录方法：炮＋七路线＋进＋四格，即炮七进四。

红帅走到 D 点，记录方法：帅＋五路线＋进＋一格，即帅五进一。

黑车走到 1 点，记录方法：车 +1 路线 + 退 +3 格，即车 1 退 3。

黑将走到 2 点，记录方法：将 +4 路线 + 退 +1 格，即将 4 退 1。

黑炮走到 3 点，记录方法：炮 +8 路线 + 退 +2 格，即炮 8 退 2。

斜行棋子进退的记录方法：棋子名称＋原始位置＋行棋方向＋落点竖线序号。

其中红方原始位置的竖线序号用汉字，黑方用阿拉伯数字；进退距离的写法同样是红方用汉

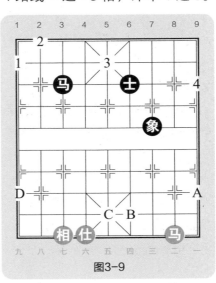

图3-9

字表示，黑方用阿拉伯数字表示。

如图3-9，红马走到A点，记录方法：马＋二路线＋进＋一路线，即马二进一。

红马走到B点，记录方法：马＋二路线＋进＋四路线，即马二进四。

红仕走到C点，记录方法：仕＋六路线＋进＋五路线，即仕六进五。

红相走到D点，记录方法：相＋七路线＋进＋九路线，即相七进九。

黑马走到1点，记录方法：马＋3路线＋退＋1路线，即马3退1。

黑马走到2点，记录方法：马＋3路线＋退＋2路线，即马3退2。

黑士走到3点，记录方法：士＋6路线＋退＋5路线，即士6退5。

黑象走到4点，记录方法：象＋7路线＋退＋9路线，即象7退9。

知识点7：前后子力的区分

当行棋方有相同子力同在一条竖线上时，子力位置靠近对方底线的称为"前"，靠近本方底线的称为"后"。但是仕（士）相（象）在同一竖线上时，则不用区分。

如图3-10，如果棋谱记录为前炮进一，就是要走前炮的意思，如不加以区分，两个炮都可以进一，就会出现歧义。但是仕（士）、相（象）类不需要，因为假如棋谱记录为士6退5，6路线上虽有两个士，但只有一个士可退，因此不用区分前后。

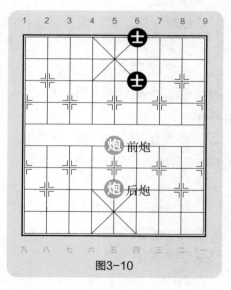

图3-10

知识点 8：完整记录与简易记录

记录方式可采用完整或简写两种方式。

完整记录：每一着棋用四个字来表示，如炮二平五，马2进3。

简写记录：不管红方还是黑方，都用阿拉伯数字记录着法，如炮25等。在第3个字的下面画一短线表示"进"，如车二进五，简写为车25。在上面画一短线表示"退"，如马8退7，简写为马87。上下都不画线则表示"平"，如车二平五，简写为车25。

【助记要点】

斜行子进退记线，直行子进退数格。

纵行进退横行平，运动方向要看清。

课后练习

按照下方的棋谱记录，在下图棋盘上标记出 A、B、C、D、E、F 六个点。

A点：① 相三进五

B点：①…… 　　炮8平6

C点：② 马二进四

D点：②…… 　　车9进1

E点：③ 兵七进一

F点：③…… 　　马8进9

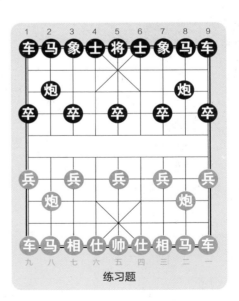

练习题

子力一般价值

【学习目标】掌握象棋七个兵种的子力价值，运用子力价值标准进行简易的交换判断。

对于初学者来说，子力价值是棋盘上最直观、最简单的局势判断标准。象棋的子力价值，能够在棋子交换时作为衡量双方得失的尺度依据。因此，大家要充分认识到子力价值的重要性，并学会在实战中以此来判断子力交换的得失。

知识点1：车的价值与运用

车的价值一般定义为10分，一车相当于双马或双炮或一马一炮。

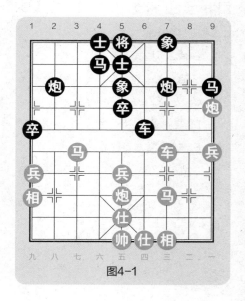

图4-1

如图4-1，红方此时可以走车三进三吃炮，但这样选择后，红方子力价值的得失如何呢？

① 车三进三　　炮2平7

这一回合后，红方相当于用一车换取对方一炮，子力价值亏损。

知识点 2：马、炮的价值与运用

马和炮的价值一般均定义为 5 分，马和炮的价值相当。

如图 4-2，红方如选择前炮进三吃马，子力价值是否亏损呢？

① 前炮进三　炮 1 平 7　　② 炮三进五　卒 3 进 1

两个回合的交换后，红方损失一马一炮，黑方同样损失一马一炮，双方得失相当。

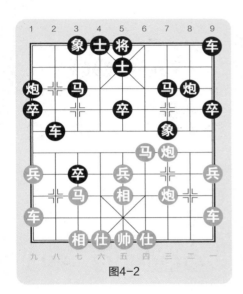

图4-2

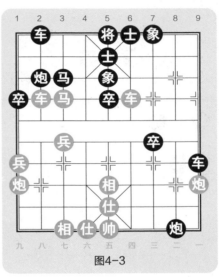

图4-3

知识点 3：兵（卒）的子力价值和运用

兵（卒）在没有过河界之前，子力价值为 1 分，过河界之后，子力价值为 2 分。

如图 4-3，红方先行。

① 相五进三　车 9 平 1

红方在这个交换过程中，吃掉黑方过河卒，损失一个未过河的兵，子力价值得大于失。

仕（士）、相（象）的子力价值一般均定义为2分，仕（士）与相（象）的子力价值相当。

如图4-4，红方先行。

①兵三进一　　车6进7

这一回合交换之后，红方损失一仕，黑方损失一象，双方子力价值得失相当。

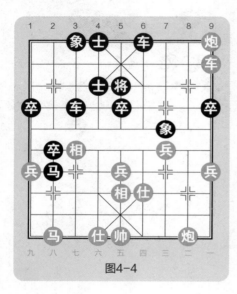

图4-4

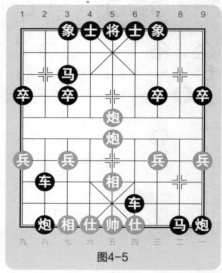

图4-5

帅与将事关全局的胜负，一旦帅（将）被吃掉，余下再多的子力也是无用的，因此帅与将是不需要定义子力价值的。

如图4-5，黑方比红方多双车和双马，但红方双炮（重炮）捉住黑将，黑方已无法解救，黑将只能面临被将死的结果，红方取得胜利。

课后练习

根据下面的棋图，回答相应的问题。

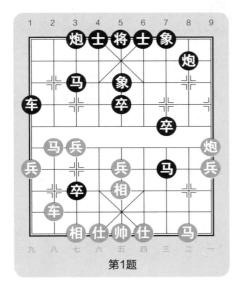

第1题

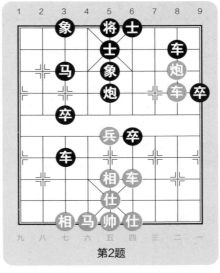

第2题

问题 1：红马吃黑方哪个子力最好？　问题 2：红方怎么吃子最有利？

第 5 天

针对帅（将）的攻击与应法

【学习目标】掌握将军、应将、将死、困毙、做杀和解杀的要点并能够在实战中运用。

知识点1：将军

一方用车、马、炮、兵（卒）在下一着要吃掉对方的将（帅）时，叫作"将军"，又简称"将"或"照"。将军是对将（帅）威胁最大的攻击方式。将军主要分为单子将军和双将两种形式。

如图5-1，红车的将军方法有两种：车七进五或车七平六，两种方式都可以在下一步直接吃掉黑将。

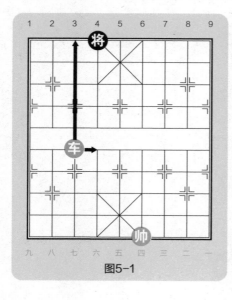

图5-1

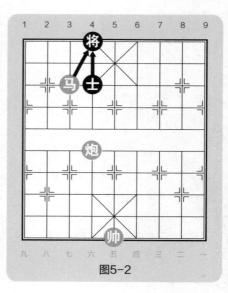

图5-2

如图5-2，红炮和红马同时将军，这种形势称为"双将"。相对于单子将军来说，双将无疑是更为严厉的一种将军手段。

知识点2：应将

一方将军时，另一方必须应将。应将就是被将军的一方为了解除对方棋子对己方将（帅）形成的威胁而采取的应对着法。常见的应将方法有四种：消将、避将、垫将、撤将。

（1）消将

如图5-3，我们注意到，红方如果走兵五平六将军，那么黑方可以将4进1把红兵吃掉，形成图5-4的结果。吃掉攻击将（帅）棋子的行为称为消将，意思是消除将军子，这是应将的最直接方法。

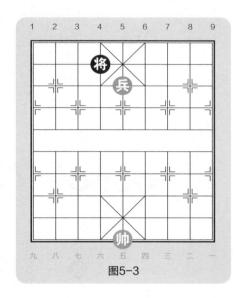

图5-3

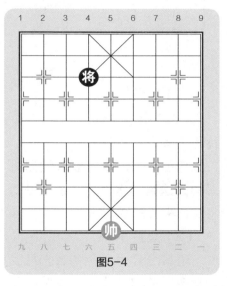

图5-4

上例是用受攻的将或帅直接吃掉攻击子，当将（帅）不能直接吃掉攻击子时，也可以借助其他子力吃掉攻击子，这是消将的另一种形式。

如图5-5，黑方先行。此时红兵正在将军，因为有红马的存在，黑将无法走将6进1吃兵来消将，但可以借助车的力量来吃掉红兵。

① ······   车 3 平 6

平车吃兵消将，这是黑方唯一的应将方法。

② 马二进四   将 6 进 1（和棋）

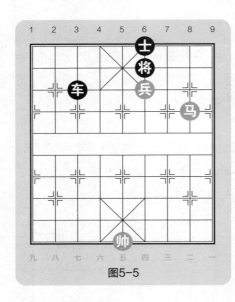

图5-5

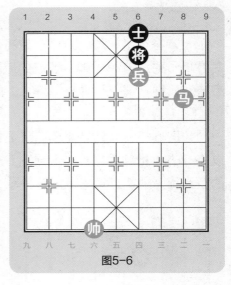

图5-6

（2）避将

把正在被将军的将（帅）移动至对方棋子吃不到的另一个点去，称为避将。

如图 5-6，黑将应对红方将军的方法是将 6 平 5，通过移动将位，来避开红兵的攻击。

（3）垫将

垫将可分为两种情况。可以是把自己的棋子走到将（帅）和对方攻击子之间；当对方用马作为攻击子时，蹩马腿也可视作垫将的一种。

如图 5-7，红车正在将军，黑方可以利用士或象来阻挡车的

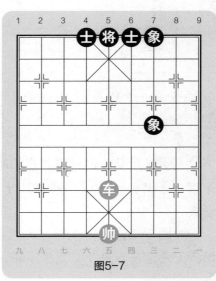

图5-7

攻击，可以选择士4进5、士6进5、象7进5、象7退5，四种垫将方法来应将。

如图5-8，红马将军，黑方走炮6退5蹩住马腿，也是利用垫将的方法来应将。

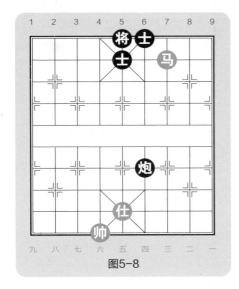

图5-8

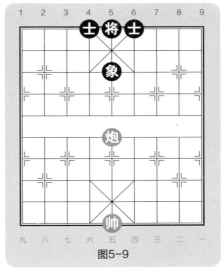

图5-9

（4）撤将

遇到对方用炮将军时，把己方被当作炮架的棋子撤开，使其失去炮架而不再形成将军的应将法，称为"撤将"。

如图5-9，红炮将军，黑方可以利用士4进5或士6进5垫将的方法来应将，也可以移开充当炮架的中象（象5退3、象5退7、象5进3、象5进7），利用撤将的方法来应将。

知识点3：将死

在象棋中，将死又称绝杀，是最根本的目的。一盘棋中，如把对方将（帅）攻击得无路可走且无法解救，就称为将死。

如图5-10，红方车、炮同时将军，黑方无法利用任何一种方法同时解除红方的双重攻击，即被红方将死。

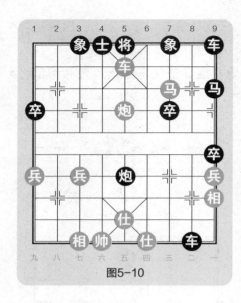

图5-10

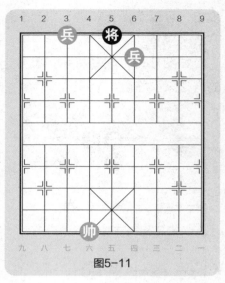

图5-11

知识点4：困毙

困毙与将死不同，将死是将（帅）在对方子力直接攻击下无处可走，而困毙是让对方无子可动，动则主动送将。

如图5-11，红方的双兵都没有直接攻击到黑将，但是黑将走到哪里都会形成主动送吃的局面。而在象棋中，将是不许主动送吃的。因此，黑将已经无处可走，在这种情况下，红方选择帅六进一就是困毙，而如选择兵七平六将军，就是将死。

知识点5：困毙的形式

困毙的形式主要有三种：单子困毙（一子困毙对方孤将）、一子困毙多子、多子参与的困毙。

（1）单子困毙

如图5-12，由于兵只能前进，不能后退，因此单兵困毙孤将时，要同时满足两个条件：一是兵占宫心，二是帅占中路，不给黑方将6平5转到另一侧的机会。

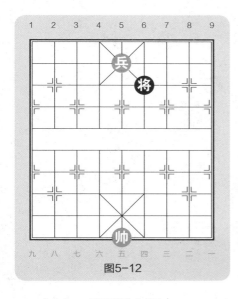

图5-12

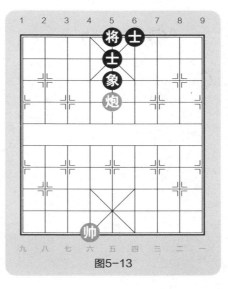

图5-13

（2）一子困毙多子

当一方子力位置不好时，另一方同样也可借助困毙取胜。其中最典型的便是单炮困毙双士一象的例子。

如图5-13，红炮立中以后，借助帅力，黑方士、象、将都无法走动，红炮完成困毙。炮只有借助对方的士、象特别是双士的自挡将路的弱点，才能实现困毙。图5-14中红方困毙的原理也在于此。因此，大家在利用炮来攻击对方时，注意保留对方的士。棋谚"有炮留他士"的道理就在于此。

（3）多子参与的困毙

如图5-15，红方兵七平八控制黑方边象，形成图5-16所示的情况，同样可形成困毙。

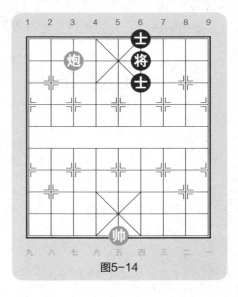

图5-14

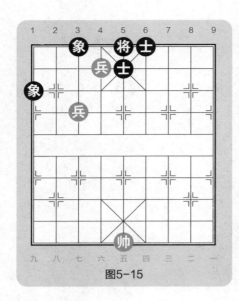

图5-15

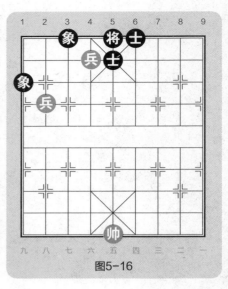

图5-16

知识点6：做杀

凡走子企图在下一着将军或连续将军，使对方无法解救的，均可以称为"杀"或称"要杀""叫杀""做杀"。

如图5-17，红方先行，红方有帅五平六或炮一平五两种做杀的方法。

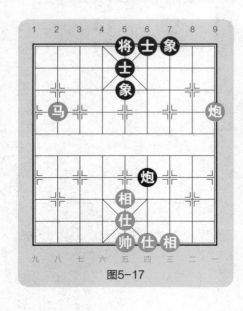

图5-17

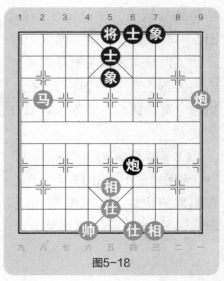

图5-18

（1）帅五平六

如图 5-18，红方帅五平六做杀，下一着准备马八进七，即可将死黑棋。

（2）炮一平五

如图 5-19，红方炮一平五做杀，下一着准备马八进六，将 5 平4，炮五平六，将死黑棋。

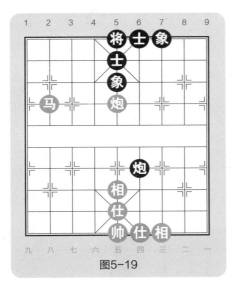

图5-19

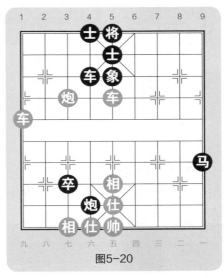

图5-20

实战中还有一些做杀是非常隐蔽的，我们要认真分析才能看出来。如图 5-20，红方此时走车九平一，乍看之下是捉马，但如果黑方马 9 进 7 逃马，红方则炮七进三，象 5 退 3，车一进四杀。

知识点 7：解杀

从字面上理解，"解杀"就是解除对方做杀。解杀的本质与应将的本质是相同的，都是保护帅（将）不被将死，但是解杀的方法要比应将灵活得多。如何去解杀，关键在于我们要及时发现对方潜在的杀法。

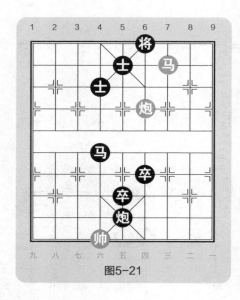

图5-21

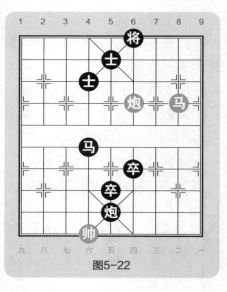

图5-22

如图5-21，红方先行。

红方马三退二（图5-22）做杀，准备下一着马二进四绝杀。针对红方这个计划，黑方可以考虑通过将6进1（图5-23）或者将6平5（图5-24）两种方法解杀。

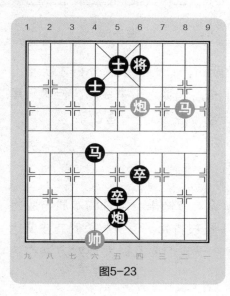

图5-23

图5-24

在实战中，还有一种特殊的解杀形式，叫解杀还杀。即双方都有杀势，一方在解杀的同时，反杀对方。

如图 5-25，红方先行。当前局面下，双方都有杀，但是当红方炮八进一将军时，黑方可以退炮解杀还杀（图 5-26），反杀红方。因此在做杀的时候，一定要注意对方解杀后存在反杀的可能性。

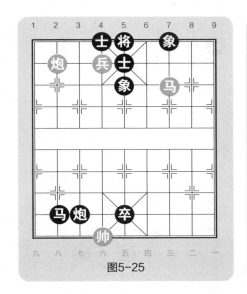

图5-25

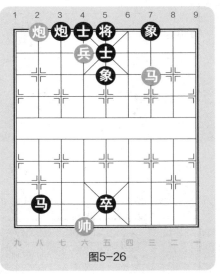

图5-26

根据以下棋图，回答相应的问题。

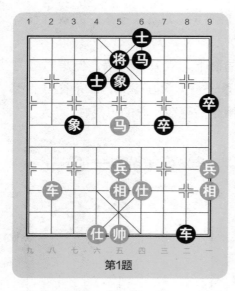

第1题

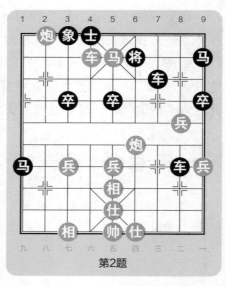

第2题

问题1：红方此时可如何应将？　　问题2：红方如何将死黑方？

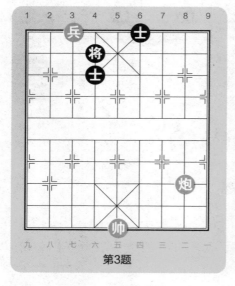

第3题

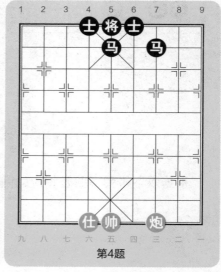

第4题

问题3：红方如何利用困毙取胜？　　问题4：红方如何行棋可以做杀？

第 天

基本规则

【学习目标】掌握对局结果中胜负和的判定，以及对局出现的禁止着法和允许着法的判定。

知识点1：胜、负的判定

1. 帅（将）被"将死"

对弈时，被将军的一方无法应将而被将死，即为输棋。

如图6-1是全国象棋个人锦标赛中的一盘实战对局，现轮到黑方行棋。黑方此时走卒5平6将军，红方无法应将而被将死，被将死即为输棋。

2. 被"困毙"

一方被对手困毙，也同样被判为输棋。

如图6-2，红方走帅五进一以后，黑方无子可动，被困毙了，判负。

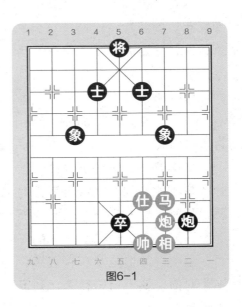

图6-1

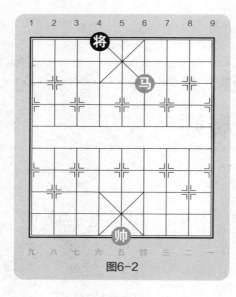

图6-2

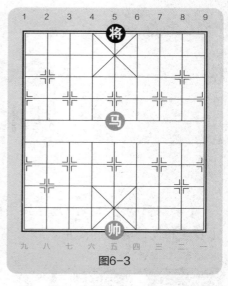

图6-3

3. 飞宫与自杀

飞宫，规则上称为"自杀"。任何一方出现直接自杀的情况，立即判负。判断飞宫或自杀行为是否存在，一定要以棋子离开手为判断标准，一旦离手自杀的行为即视为完成。

（1）一方行棋后形成帅（将）直接对面。

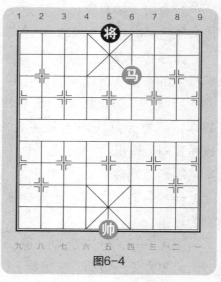

图6-4

如图6-3，象棋规则规定，帅和将不能在同一直线上直接对面。此时，红方急于进马照将而误走马五进四，形成图6-4的局面。走棋以后造成帅和将直接在中路对面，属于自杀行为，判定为黑方胜。

（2）主动送吃帅（将）。

如图6-5的局面，红方接走帅五进一，黑方误以为红方走得是兵六进一，而误走了将4进1（图6-6），主动送吃老将，判黑方负。

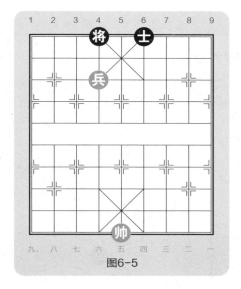

图6-5

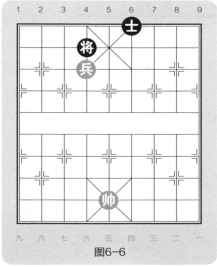

图6-6

（3）在被将军时误走他子，没有应将，听任对方吃掉自己的帅（将），同样属于自杀。

如图6-7，红炮正在将军，但黑方没有应将，而是选择车1进6将军（图6-8）。黑方被将军时不去应将而误走其他棋子，听任对方吃掉自己将的行为属于自杀，判红方胜。

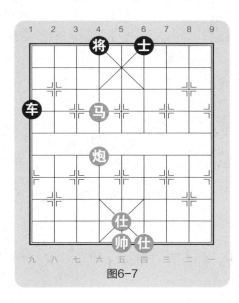

图6-7

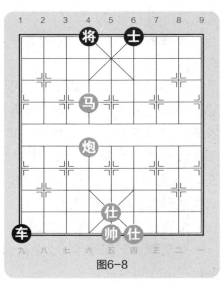

图6-8

知识点 2：和棋判定

对局时出现下列情况之一，算双方和棋。

1. 一方走出自己轮走的一着棋之后，提议作和，对方表示同意。

如图 6-9 是全国象棋个人锦标赛，郑一泓与赵国荣弈战至 39 回合时的局势。此刻黑方提出和棋要求，红方表示同意，双方作和。

在主动提出和棋时，要注意以下三点：一是提和一方在提议和棋时，必须在自己的用时内；二是提和的一方，在对方作出明确表示之前，不能撤回自己的提议，同意和棋的一方，宣告同意后也不能反悔；三是任何一方提和次数不得多于对方两次。

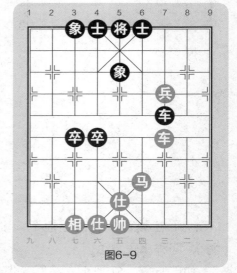

图6-9

2. 双方均无取胜可能的简单局势。

如图 6-10，双方均无取胜可能，如果有补充规则，裁判可以就简单局面判和，也可由一方棋手提议和棋，裁判员判和。如果在补充规定中没有判和的条款，则要进行自然限着和棋。

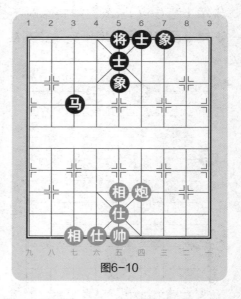

图6-10

3. 符合"自然限着"规定。

对局双方若在连续 60 个回合中，都没有吃过一个棋子。裁判员经审核后，可立即判和。

"自然限着"的回合数，根据比赛等级可酌减。例如，象棋群体比赛简明规定，全国儿童比赛、各行业系统比赛、省级以下基层比赛，自然限着为 30～40 回合，将军着法不计入。

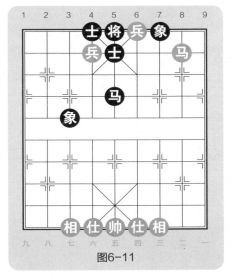

图6-11

如图 6-11 所示，本例是 2001 年"棋友杯"全国象棋大奖赛中出现的一个局面。当红方走出兵四进一将军这着棋后，黑方马上提出自然限着规定的和棋要求。经监局裁判员审核，双方在连续60 回合中都没有吃过一个子。尽管黑方此时处于被连杀状态，但黑方尚能走士 5 退 6，未被将死。依照《象棋竞赛规则》的规定，符合自然限着的和棋条件，判为和棋。

知识点 3：禁止着法

1. 长将

不论在任何情况下，连续不停地用循环往复的着法将军，均为禁止着法。

如图 6-12，红方先行。

①车四平五　将 5 平 6

②车五平四　将 6 平 5

红方虽然只有车能走动，无从变着，但违反"禁止长将"的规则。一旦出现单方长将的局面，连续将军六次，直接判负。

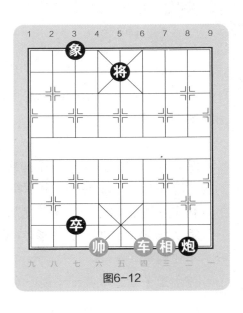

图6-12

2. 长杀

不论在任何情况下，连续不停地用循环往复的着法要杀，均为禁止着法。

如图6-13，红方先行。

① 马三退五　将4平5　　　② 马五进三　将5平4

红方马三退五伏有车一进三的杀棋，马五进三同样伏有车一进三的杀棋，因此判红方必须在两个回合内变着，不变判负。

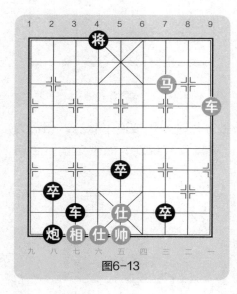

图6-13

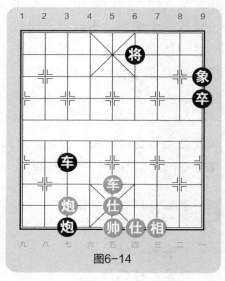

图6-14

3. 长捉

（1）走子后所走动的棋子能直接吃子，按"捉"处理。

如图6-14，红方先行。

① 仕五进六　车3平6　　　② 仕六退五　车6平3

红方仕五进六，伏车五平四将死，判"杀"；黑方车3平6解杀的同时有车6进3吃底仕，判"捉"。红方仕六退五是闲着；黑方车6平3伏车3进2吃红炮，判"捉"。

裁决结果：红方一杀一闲，黑方长捉，黑方要在两个回合内变着，不变判负。

（2）走子后造成其他子能吃子，按"捉"处理。

如图6-15，红方先行。

① 相一进三　炮9平7　　② 相三退一　炮7平9

红方相一进三，走子后造成其他子红车能够吃炮，判"捉"；黑方炮9平7，伏前炮进1，仕四进五，炮7退2，仕五退四，炮7平4得马，判"捉"。红方相三退一，判"闲"；黑方炮7平9，走子后所走动子黑炮直接捉车，判"捉"。

裁决结果：红方一捉一闲为允许着法，黑方长捉为禁止着法，黑方在两个回合内变着，不变判负。

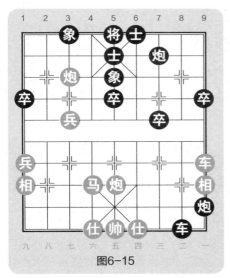

图6-15

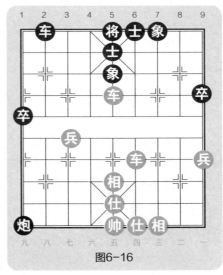

图6-16

（3）走子后运用"将军"或连续"将军"得子，按"捉"处理。

如图6-16，红方先行。

① 帅五平六　车2平4　　② 帅六平五　车4平2

红方帅五平六，判"闲"；黑方车2平4，直接攻击红帅，判"将"。红方帅六平五，动帅应将，判"闲"；黑方车4平2，伏车2进9，仕五退六，车2退3，仕六进五，车2平6，黑车借助1路炮之力抽吃红车，判"捉"。

裁决结果：红方两闲为允许着法，黑方一将一捉为禁止着法，黑方在两个回合内变着，不变判负。

（4）走子后通过完整互吃交换得子，按"捉"处理。

如图6-17，红方先行。

① 马五进三　车8进2

② 马三退五　车8退2

红方马五进三，判"闲"；黑方车8进2，伏马7进5，相三退五，炮7进5，炮六平三，车8平7，通过完整互吃交换后黑方多得一相，判"捉"。红方马三退五，走子后造成其他子红炮能吃车，判"捉"；黑方车8退2，

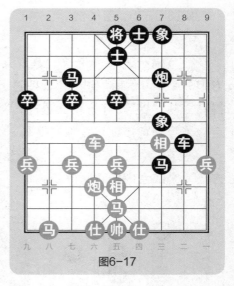

图6-17

走子后造成其他子马7进5能吃相，红方三路高相起不到保护作用，判"捉"。

裁决结果：红方一闲一捉为允许着法，黑方长捉为禁止着法，黑方要在两个回合内变着，不变判负。

4. 其他的禁止着法

（1）一将一要杀：一步"将"，对方避开以后，下一步"要杀"，循环往复视为禁止着法。

（2）一将一捉：一步"将"，一步捉无根子等于长捉，不变者判负。

（3）一将一要抽吃：一步将军，一步要抽吃子，循环不变，判负。

知识点4：允许着法

象棋规则中规定：兑、献、拦、跟、闲都是允许着法。规则允许单方走出长兑、长献、长拦、长跟、长闲。其中，兵（卒）和将（帅）有特殊的规定，允许兵（卒）或将（帅）长捉。

1. 允许兵（卒）本身（无论是否借助于外力）步步叫吃对方的棋

子，不算"长捉"。

如图 6-18，红方先行。

①兵二平一　车 9 平 8　　②兵一平二　车 8 平 9

红方兵二平一和兵一平二用兵步步捉黑车，是允许着法。黑方车 9 平 8 和车 8 平 9 都是闲着，双方不变作和。

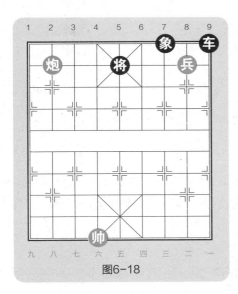

图6-18

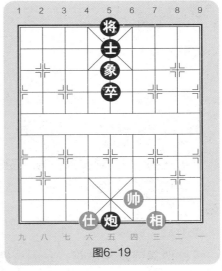

图6-19

2. 允许帅（将）本身步步叫吃对方的棋子，不算"长捉"。

如图 6-19，红方先行。

①帅四平五　炮 5 平 6　　②帅五平四　炮 6 平 5

红方帅四平五和帅五平四用帅步步捉炮，是允许着法。双方不变作和。

3. 一方"长兑"，另一方避兑，双方不变作和。

如图 6-20，红方先行。

①前车进一　车 1 进 1　　②前车退一　车 1 退 1

象棋规则中规定：同兵种邀兑，而对方吃掉此子后，不致立即被将死或立即在子力价值上遭受损失，称为"兑"。

本例之中，红方前车进一和前车退一步步邀兑是允许着法。黑方车 1 进 1 和车 1 退 1 都是闲着，双方不变作和。

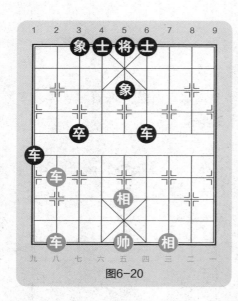

图6-20

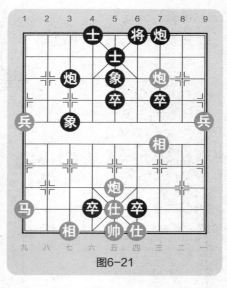

图6-21

4. 一方"长献",另一方不受献,双方不变作和。

如图 6-21,红方先行。红方虽然多子,但咽喉被扼,二鬼拍门,凶多吉少。

①炮3进一　炮3退1　　②炮三退一　炮3进1

此时黑方反复献炮,企图诱红方吃炮,红方吃炮后不仅丢相,而且底线失去防守子力而陷入被动。因此红方不断进、退炮,不受献。

黑方连续献着,红方避炮为闲着,均为允许着法,双方不变作和。

5. 一方"长拦",另一方如为允许着法,双方不变作和。

如图 6-22,红方先行。

①炮八平六　车 4 平 2

②炮六平八　车 2 平 4

象棋规则中规定:凡走子阻拦对方棋子,而又不具攻击作用

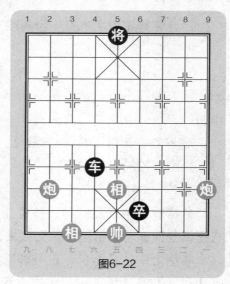

图6-22

者，称为"拦"。

红方炮八平六和炮六平八都判为"拦"，黑方车4平2和车2平4都是闲着，双方不变作和。

6. 一方"长跟"，另一方也为允许着法，双方不变作和。

如图6-23，红方先行。

① 车八平九　炮1平2

② 车九平八　炮2平1

象棋规则中规定：凡走子盯牵对方有根子而又不具攻击作用者，称为"跟"。

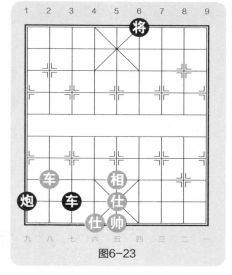

图6-23

红方车八平九和车九平八都判为"跟"。黑方炮1平2后伏有炮2进1，相五退七，车3进1白得一相，判为"捉"，炮2平1是闲。双方不变作和。

课后练习

根据所学知识，回答下列问题。

问题1：列举出四种以上规则中胜、负判定的情形。

问题2：列举出四种以上规则中和棋判定的情形。

问题3：列举出四种以上规则中禁止着法的情形。

问题4：列举出四种以上规则中允许着法的情形。

第二单元

杀法篇

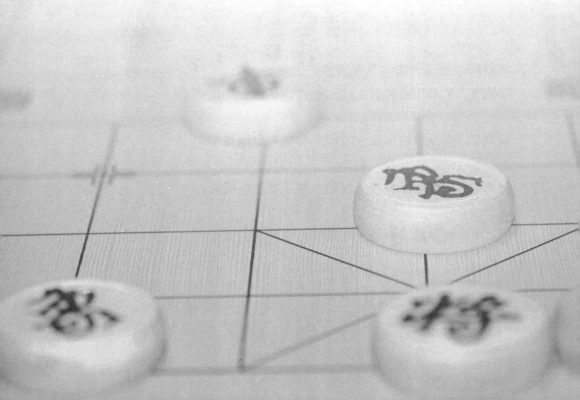

基本杀法（一）

【学习目标】掌握白脸将杀法、双车错杀法、大胆穿心杀法、二鬼拍门杀法、送佛归殿杀法、卧槽马杀法的原理和运用。

知识点1：白脸将杀法

【杀法定义】

自己的帅（将）占据中路，利用规则中"帅和将不准在同一直线上直接对面"的规定所做成的杀棋称为对面笑杀法，又称白脸将杀法。

【杀法原理】

如图7-1，红方此时走车三平六绝杀，这是最简洁的白脸将杀的棋形。在做杀的过程中，帅在中路起到控制作用，阻断了黑方将4平5转移的线路（通常这类在杀法中起到控制作用的子力，我们称为控制子）。车的作用是照将并完成最后的攻击（通常在杀法中完成最后攻击的子力，我们称为照将子）。

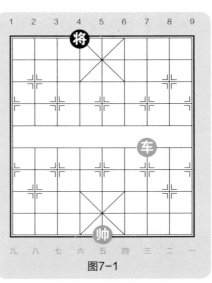

图7-1

如图 7-2，红方先行。

①炮五平四

红方平炮准备露帅助攻。

①……　　　炮 8 平 5

黑方借打将之机遮挡红帅。

②车五进一　车 8 进 1

③车五平四　车 8 平 6

④车四进二

白脸将杀，红胜。

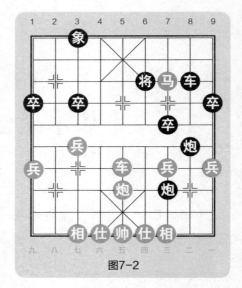

图7-2

【助记要点】

　　将帅不能面对面，见面立即分胜负。

　　露帅照将两步走，对面笑杀威力大。

知识点 2：双车错杀法

【杀法定义】

　　一方的两个不在同一条直线上的车，连续交替将军，直到把对方将死，这样的杀法称为双车错杀法，也称长短车杀法、二字车杀法。

【杀法原理】

　　如图 7-3 形势，这是双车错最基本的杀形。在这个杀法中双车的作用稍有不同。七路车是控制子，用于控制将的转移线路，九路车是照将子，用于直接攻击黑将。

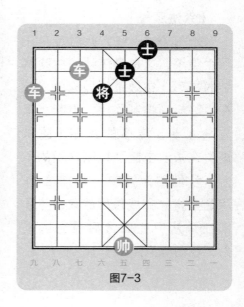

图7-3

如图7-4，红方先行。

①后车平五　　象3进5

黑方如士4进5，车四平五，红方速胜。

②车五进二　　士4进5

③车五进一

红方也可走车四平五，再用后车照将，完成绝杀。

③……　　　　将5平4

④车四进一（红胜）

【助记要点】

同侧不同线，横竖理不变。

一车控将帅，一车照将杀。

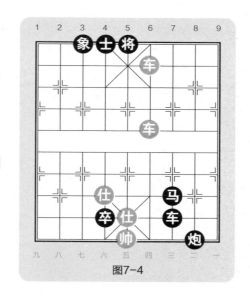

图7-4

知识点3：大胆穿心杀法

【杀法定义】

车或兵（卒）在其他子力的配合下，舍身强行破士，迫使对方防线露出破绽，入局成杀。这种杀法就叫大胆穿心杀法，也称大刀剜心杀法。

【杀法原理】

如图7-5，红方先行。

①车三平五

要着，红方平车杀士，直击黑方防守的中心。

①……　　　　将5平6

②车六进一（红胜）

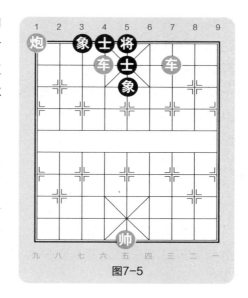

图7-5

如图 7-6，红方先行。

①车一平三　　士 5 退 6

②车三平四

弃车砍士是红方突破的关键。

②……　　　　将 5 平 6

③兵三平四　　将 6 平 5

④车九平五

红方车借炮兵的掩护，完成大胆穿心杀法。

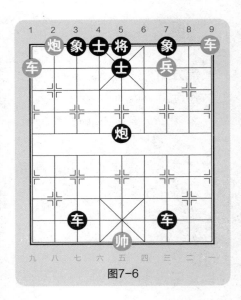

图7-6

【助记要点】

底线受牵制，防守难兼顾。

舍车去砍士，九宫防线破。

知识点 4：二鬼拍门杀法

【杀法定义】

用双兵（卒）占据对方九宫两侧的"象眼"位置，以分别锁住对方的两肋，使其将（帅）在原位不能动，然后配合其他子力一举成杀。兵（卒）在九宫内威力大增，故有"小鬼"之称，所以这种杀法称为二鬼拍门杀法。

【杀法原理】

如图 7-7，红方先行。

①兵六进一（红胜）

红方双兵占据两条肋线，四路兵充当控制子，六路兵借帅力照将，完成绝杀。

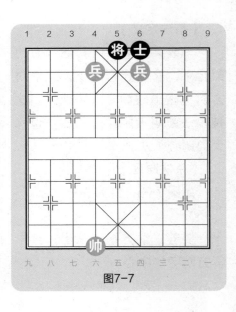

图7-7

如图 7-8，红方先行。

①兵三平四

红方平兵形成二鬼拍门之势。

① ……   象 3 进 1

②后车平一

红方弃车引离黑马。

② ……   马 7 进 9

黑方如马 7 退 6，则车六平五，将 5 平 4，车一平六，马 6 进 4，车六进二，红胜。

③车六平五   将 5 平 4

④兵四进一   马 9 退 7

⑤兵四平五（红胜）

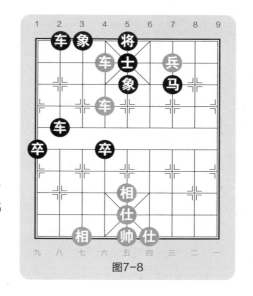

图7-8

【助记要点】

双兵横锁两肋线，强行破士去攻王。

出帅助攻是关键，车卒车兵理相同。

知识点 5：送佛归殿杀法

【杀法定义】

兵（卒）借助其他子力的力量，连续推进，步步进逼对方的将（帅）并最终将死对方。有的时候，兵（卒）步步将军，把对方的将（帅）逼回原始位置而取胜。因兵、卒的将军一般情况下连进三步即可取胜，故南方多称送佛归殿杀法，北方多称三进兵杀法。

【杀法原理】

如图 7-9，红方先行。

①兵六进一   将 4 退 1   ②兵六进一

二次进兵，把黑将逼回原位，红方取胜的关键。

② ……   将 4 平 5   ③兵六进一

红方通过三次进兵完成绝杀。

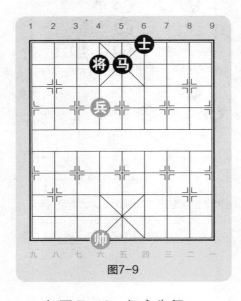

图7-9

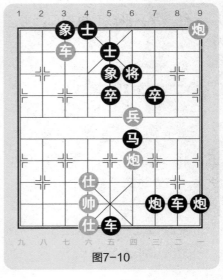

图7-10

如图 7-10，红方先行。

① 兵四进一　　将 6 退 1　　② 兵四进一

红方利用黑方不能走士 5 进 6 的弱点，再进兵叫将，正确。

②……　　　　将 6 退 1　　③ 兵四进一　　将 6 平 5

④ 兵四进一（红胜）

本局黑将在宫顶，红方四进兵成杀。

【助记要点】

将位不安全，移动受阻碍。

借力三进兵，捉将得胜归。

知识点 6：卧槽马杀法

【杀法定义】

跳到三·九（3·9）和七·九（7·9）两点上的马称为卧槽马。卧槽马杀法通常要有其他子力的配合，用马卧槽照将，起到控制子的作用，再用其他子力配合将杀。

【杀法原理】

如图 7-11，红方马二进三将军，利用将与帅不能在同一直线上见面的规则将死黑方，这是卧槽马杀法的最基本杀形。在这则残局中，马是起到将军作用，是将军子；帅是起到助杀作用。

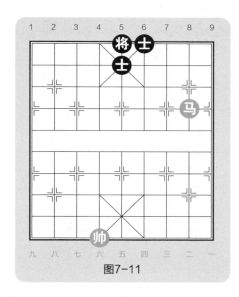

图7-11

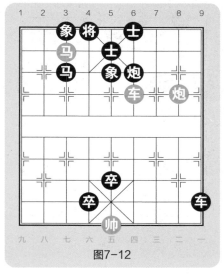

图7-12

如图 7-12，红方先行。

① 车四平六

红马已经卧槽，现在只要实施纵线攻击既可。

① ……　　　　士 5 进 4　　　② 车六进一　　炮 6 平 4

红方弃车精妙，造成黑炮打车以后，无法移动，为红炮接下来的攻击做炮架。

③ 炮二平六（绝杀）

【助记要点】

三、七两路象前位，用马将军将不安。

再用他子直线将，卧槽将军必擒王。

课后练习

以下各题均由红方先行，写出红方将死黑方的着法推演。

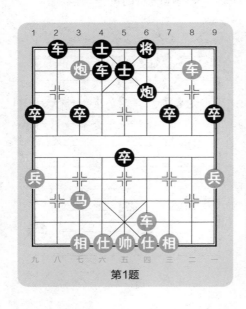

第1题

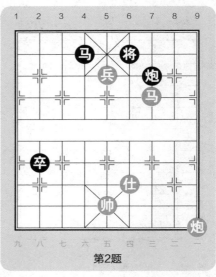

第2题

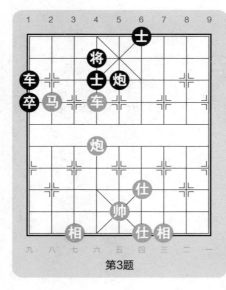

第3题

第4题

基本杀法（二）

【学习目标】掌握挂角马杀法、钓鱼马杀法、八角马杀法、拔簧马杀法、侧面虎杀法、双马饮泉杀法的原理和运用。

知识点 1：挂角马杀法

【杀法定义】

挂角马是指在对方九宫角上，即指进到四·八（4·8）和六·八（6·8）两点上的马，也就是对方两个高士（仕）角位置的马。刚好可以攻击对方将（帅）的原位，称为挂角马。

【杀法原理】

如图 8-1，红方先行。

①马五进六（绝杀）

本例是挂角马的基本杀法原理。在挂角马杀法中，马多数情况下是最后将死对方的照将子，兵在这里起到控制黑将向上移动的作用，是助杀子。在类似的杀法中，助杀子可以替换成具有相同作用（助杀或照将作用）的其他子力。

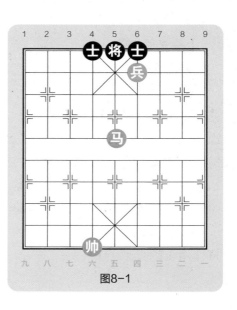

图8-1

如图8-2，红方先行。

①车八平一

红方平车叫杀，准备车一进四绝杀。

①……　　　　　将4平5
②车一进四　　　士5退6
③马四退六　　　将5平4
④车一平四（红胜）

【助记要点】

马挂士角将，车在一旁帮。

如果位置巧，小兵顶大车。

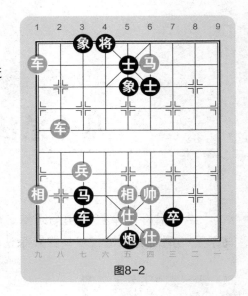

图8-2

知识点2：钓鱼马杀法

【杀法定义】

钓鱼马是指攻方进到三·八（3·8）和七·八（7·8）两点上的马，它与将（帅）之间的距离状如"双象连环"。

【杀法原理】

如图8-3，红方先行。

①兵六进一（绝杀）

这是钓鱼马杀法的基本原理。钓鱼马的作用是控制将的转移，然后借助其他子力完成绝杀。在本例中，钓鱼马是控制子，兵是照将子。在类似的杀法中，照将子可以替换成具有相同作用（照将作用）的其他子力。

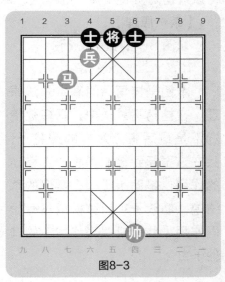

图8-3

如图8-4，红方先行。

①车六进三

红方弃车杀士，引离黑将。

①……　　　　将5平4

②马六进七

红方跳钓鱼马，形成杀势。

②……　　　　将4平5

③车八进三　　象5退3

④车八平七（红胜）

【助记要点】

马将成田字，车来当杀手。

稳坐钓鱼台，老将没法走。

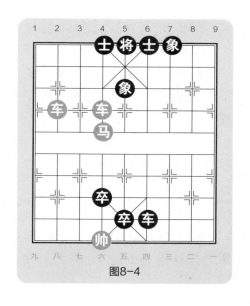

图8-4

知识点3：八角马杀法

【杀法定义】

八角马也称定将马。八角马杀法指的是用马在对方九宫任何一个士（仕）角位置上，与对方将（帅）形成对角，限制其活动，再利用其他子力杀死对方的方法。

【杀法原理】

如图8-5，红方先行。

①兵七平六（红胜）或

　兵七进一（红胜）

八角马杀法中，马和将分占九宫的两个对角，充分发挥马的控将作用。

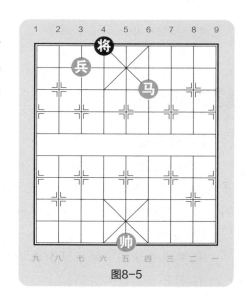

图8-5

如图8-6，红方先行。

①车二平五

红方弃车杀士，把黑将引到下二路线，为车马联合杀势做准备。

①……　　　　将5进1

黑方如改走将5平6，则车八平六，绝杀。

②车八退一　将5退1

红车借将军之机抢占要道。黑方如改走将5进1，则兵三平四，绝杀。

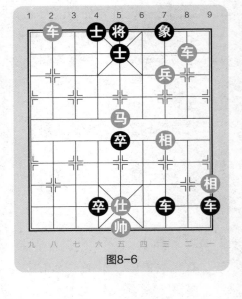

图8-6

③马五进六

红方利用八角马控制黑将，为最后成杀打下基础。

③……　　　　将5平6　　　④车八平四（红胜）

【助记要点】

将马对斜角，车往中间将。

舍身无危险，杀棋已成型。

知识点4：拔簧马杀法

【杀法定义】

拔簧马是指一方利用自己走棋的机会，将整住自己马腿的己方棋子（通常为车）移开，从而形成马叫将的局面，这种车借马力，抽将得子或成杀的攻法就称为拔簧马杀法。

【杀法原理】

拔簧马杀法的运用形式有两种：一种是横拔，一种是纵拔。

如图8-7，红方先行。

①车三平五（红胜）

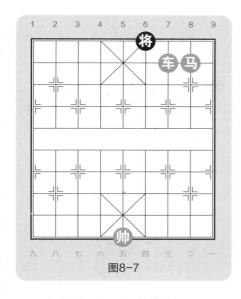

图8-7

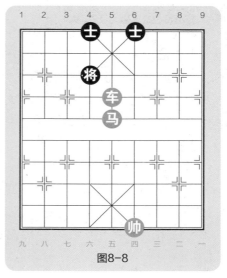

图8-8

如图 8-8，红方先行。

① 车五进二（红胜）

以上两个例子便是横拔和纵拔的基本示例。无论是横向的拔簧马还是纵向的拔簧马，基本原理都是利用车来控制将位的移动，利用马来完成将军，车马配合完成绝杀。

如图 8-9，红方先行。

① 车五进一　将 6 进 1

红方进车将军，逼将上移。

② 马七进六　士 4 进 5

③ 车五退一

红方退车杀士，巧用拔簧马杀法。

③ ……　　　将 6 退 1

④ 车五退一（红胜）

【助记要点】

车停马前面，动车马将军。

拔簧威力强，借力可杀王。

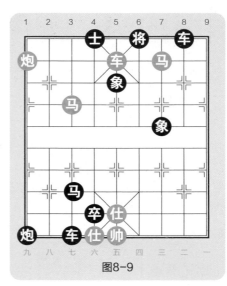

图8-9

知识点5：侧面虎杀法

【杀法定义】

当防守方的将或帅暴露在九宫一侧时，进攻方用处于棋盘三·七（3·7）位或七·七（7·7）位的马作为控将子，用其他子把对方将死的杀法，称为侧面虎杀法，也称高钓马杀法。

【杀法原理】

如图8-10，红方先行。

①车九平六（红胜）或车九退一（红胜）

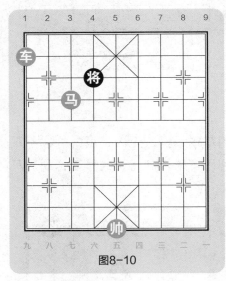

图8-10

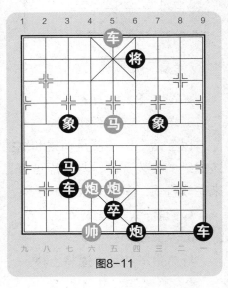

图8-11

如图8-11，红方先行。

①马五进三

红方进马形成高钓马，限制住黑将。

①……　　　　　将6进1　　　②车五退二

红方从退车开始，连续从侧面对黑将发动进攻。

②……　　　　　象7退5　　　③炮六进五　象5退7

④炮五进五（红胜）

【助记要点】

马充三七兵，高钓威力强。

借子侧面攻，杀法猛如虎。

知识点6：双马饮泉杀法

【杀法定义】

双马饮泉杀法是指双马集中于侧翼，先用一马在对方九宫侧翼控将门，也就是跳到二·九（2·9）处或八·九（8·9）处，另一只马跳到这只马的里侧卧槽，迫使"将（帅）"不安于位，然后双马互借威力，回环跳跃，盘旋进击而巧妙取胜的杀法。由于做杀时双马连环攻击，故俗称"麻花马""打滚马"。

【杀法原理】

如图8-12，红方先行。

①马三退五　将6平5

黑方如将6进1，则马五退三杀。

②马五进七（红胜）

如图8-13，红方先行。

①马六退七

红方退马闪将，由此展开对黑将的攻势。

①……　　　　将5平4

②前马退六

红方马借炮力，带将过渡。

②……　　　　将4平5

③马六进四　将5平4

④马七进八（红胜）

【助记要点】

双马盘旋九宫边，控制将门最关键。

一马定将一马抽，双马合力能擒王。

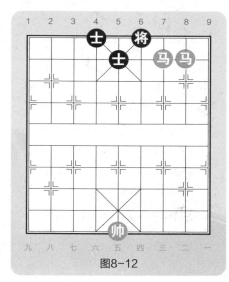

图8-12

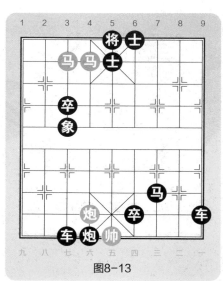

图8-13

课后练习

以下各题均由红方先行，请写出红方将死黑方的着法推演。

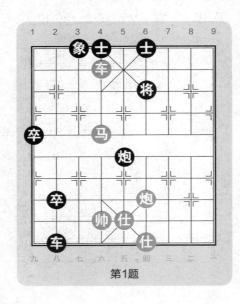

第1题

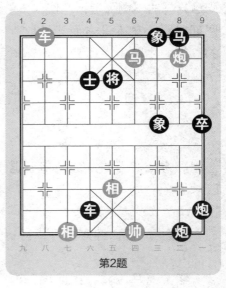

第2题

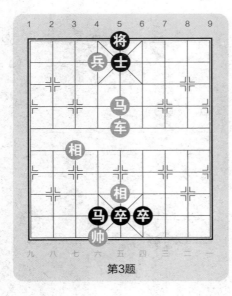

第3题

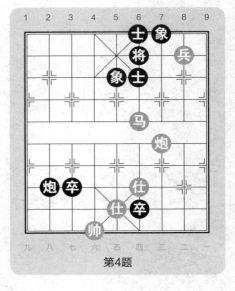

第4题

基本杀法（三）

【学习目标】掌握重炮杀法、天地炮杀法、铁门栓杀法、夹车炮杀法、马后炮杀法、闷杀与闷宫杀法的原理和运用。

知识点 1：重炮杀法

【杀法定义】

重炮杀法是指一方双炮在一条直线上重叠将军，用前炮当后炮的炮架，以后炮向对方将（帅）进行攻击的杀法。

【杀法原理】

如图 9-1，红方先行：① 炮六平五（重炮杀）。

黑方先行：① 炮 9 进 2（重炮杀）。

红、黑双方采用的杀法都是典型的重炮杀法。红方先立空头炮，迫使黑方双士无法移动，再用后炮将军，形成重炮绝杀；黑方利用红帅被仕阻挡，无法向前移动的弱点，运用重炮杀法，形成绝杀。

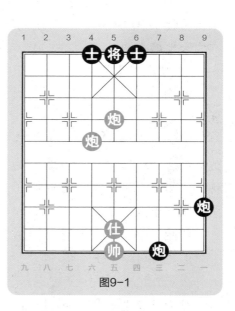

图9-1

如图9-2，红方先行。

①车五进四　　士4退5

②车五进一

红方弃车杀士，关键，为一路炮底线照将做准备。

②……　　　　士6进5

③炮一进三　　马8进6

④炮二进一（重炮杀）

【助记要点】

双炮同线站，前炮当炮架。

后炮来将军，老将无处逃。

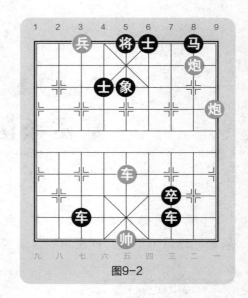

图9-2

知识点2：天地炮杀法

【杀法定义】

一炮在底线牵制对方底士（仕）、底象（相），另一炮在中路牵制中士（仕）、中象（相），然后用车或兵（卒）破士（仕）取胜的方法称为天地炮杀法。

【杀法原理】

如图9-3，①兵四进一（红胜）或兵四平五（红胜）。

天地炮杀法中，置于对方底线的炮称为"天炮"，中路的炮称为"地炮"，两炮联合控制了黑方所有士象的活动。

如图9-4，红方先行。

①炮七退二　　士5退4

②车五进一

红方先退炮抽将，再进车砍

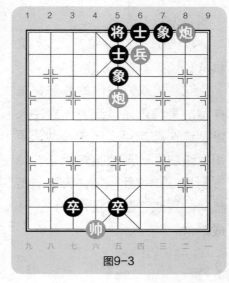

图9-3

象，战术目的是让黑方起另一侧的象。

② ……　　　象7进5

③ 炮九平五　士6进5

④ 炮七进二（天地炮杀）

【助记要点】

一炮在底线，一炮镇中路。

借力去吃士，黑将难抵挡。

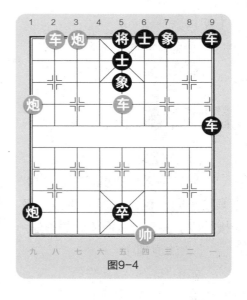

图9-4

知识点 3：铁门栓杀法

【杀法定义】

一方用炮镇住中路以限制对方将（帅）前棋子的活动，然后在其他子力配合下，以车或兵（卒）直插对方将（帅）门取胜的杀法称为铁门栓杀法。

【杀法原理】

如图9-5，红方先行。

① 车六进五

红车利用中炮的牵制，借助帅力，直接攻击黑方底线，从而形成杀局。

如图9-6，红方先行。

① 炮三退九

红方退炮闪将正确。

① ……　　　车8退9

② 炮三进六

红方进炮是取胜的关键。

② ……　　　车8平9

③ 炮三平四　将6平5

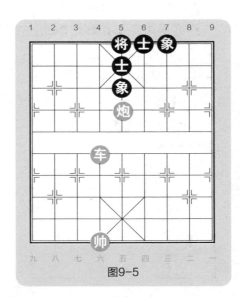

图9-5

④ 车七进一（红胜）

071

【助记要点】

大炮镇中路，用帅来助攻。
车似门塞子，来把将门堵。

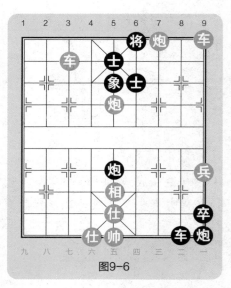

图9-6

知识点4：夹车炮杀法

【杀法定义】

夹车炮杀法是指双炮、车都集结于同一侧，在对方侧翼三条横行线上交替将军而获胜的杀法。

【杀法原理】

如图9-7，红方先行。

① 车八进一（红胜）

夹车炮杀法的原理与双车错是相同的，在夹车炮杀法中，双炮的攻击作用相当于一个车，双炮和单车一个负责控将，另一个完成绝杀。

如图9-8，红方先行。

① 炮九退一　将4退1　　② 炮七退一

红方退炮亮车，利用车的控制作用，不给黑方上将的机会。

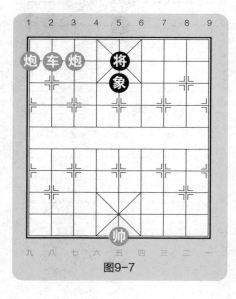

图9-7

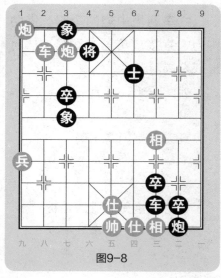

图9-8

②······ 象 3 进 5 ③炮九进一

红方进炮准备重炮杀。

③······ 将 4 平 5

黑方改走任何一着都已经无法阻止红方炮七进二成杀。

④炮七进二（红胜）

【助记要点】

双炮中间夹大车，车闪炮将似重炮。

杀法常在下二路，车炮换位理相同。

知识点 5：马后炮杀法

【杀法定义】

一方的马与对方的将处于同一直线上，中间隔一个交叉点，再用炮在马后将军，称为马后炮杀法。

【杀法原理】

如图 9-9 是纵向马炮后杀法的棋形，图 9-10 则是横向马后炮杀法的棋形。

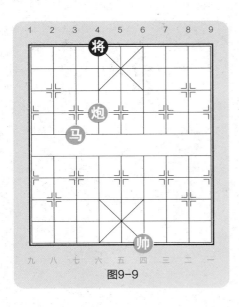

图9-9

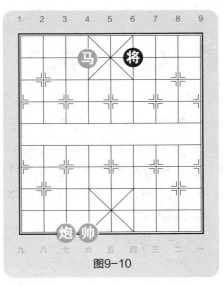

图9-10

①马七进六（红胜）

①炮七进八（红胜）

如图9-11，红方先行。

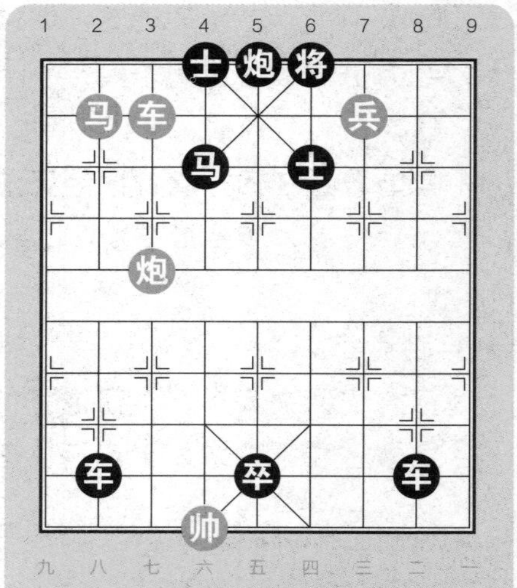

①车七平四

红方弃车解放八路马，有拔簧马的效果。

①……　　　　马4退6

②兵三进一

弃兵引离黑炮是红方取胜的关键。

②……　　　　炮5平7

③炮七进四

这是弃兵的后续手段，让红炮有下底将军的机会。

③……　　　　士4进5　　　④马八进六

马后炮杀，红胜。

【助记要点】

炮将成一线，马在中间垫。

将在马前面，线路没法变。

知识点6：闷杀与闷宫杀法

【杀法定义】

单炮利用对方士或其他子充当炮架而取胜的杀法称为闷宫杀法。利用弃子手段堵塞对方将（帅）的活动空间而取胜的杀法称为闷杀杀法。

【杀法原理】

如图9-12，红方先行。

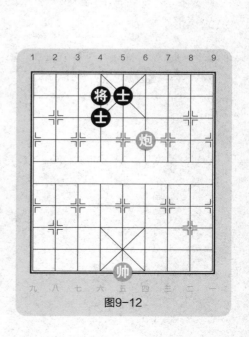

图9-11

图9-12

①炮四平六

红方炮四平六，利用黑方士充当炮架，这是典型的闷宫杀法。

如图9-13，红方先行。

①马二退四

红方退马堵塞黑炮的通路，完成绝杀，这是典型的闷杀杀法。

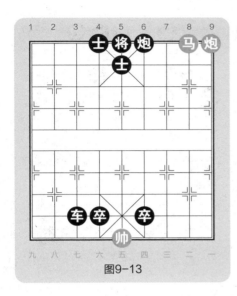

图9-13

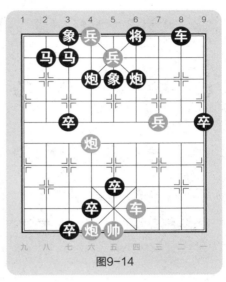

图9-14

如图9-14，红方先行。

①车四进六

红方弃车引离黑炮。

①……　　　　炮4平6　　②兵六平五

红方平兵为前炮让出线路。

②……　　　　马3退5　　③前炮进五

红方连续弃子，造成黑方子力壅塞，为闷杀做准备。

③……　　　　马2退4　　④炮六进九（红胜）

【助记要点】

将路被阻挡，用炮来闷将（闷宫）。

弃子来堵塞，攻将定胜负（闷杀）。

课后练习

以下各题均由红方先行，写出红方将死黑方的推演过程。

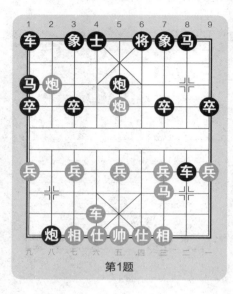

第1题

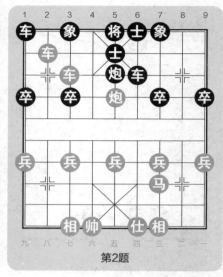

第2题

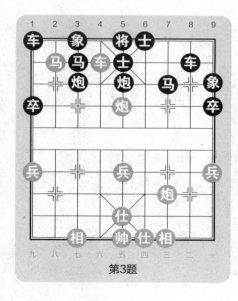

第3题

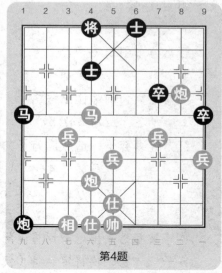

第4题

实战杀法分析

【学习目标】拆解六则实战杀局，初步掌握做杀的主要思路及基本杀法的具体应用。

【例局1】

如图 10-1，红方先行。

①马三进四

红方进马为炮一平五谋中卒做准备。

① ……　　　　马 8 进 9

②炮一平五

红方炮打中卒伏有炮九平五重炮的先手，黑方已不好应付。

② ……　　　　将 5 进 1

③仕四进五

红方不给黑方马 2 退 4 利用挂角马浑水摸鱼的机会。

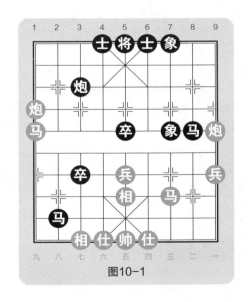

图10-1

③ ……　　　　将 5 平 6　　　④炮九平四

红方平炮作用主要有三个：一是不给黑方象 7 退 5 回防的机会，削弱黑方防守力量；二是以后红方子力要集中在中路做杀，如果随手马四进五叫将，九路炮被自己的子力挡在边路不好调动；三是为争取肋线的控制做准备。

④……　　卒3进1　　⑤马四进五　将6进1

⑥马九进七

红方进马限制黑将的活动空间，做杀的常用思路。下一着炮五平四即可绝杀，红方胜定。

【例局2】

如图10-2，红方先行。

① 车八平六

红方借叫杀之势谋车。

①……　　车4进4

② 帅五平六　象3进1

③ 车二平五

红方双车抢士，为入局做准备。

③……　　车9平6

④ 马二进三

红方进马捉士的同时控制黑方将门，好棋。

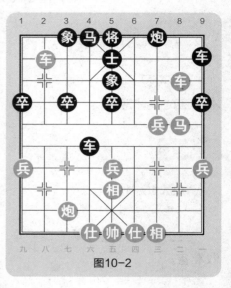

图10-2

④……　　车6平7　　⑤车六平五

红方平车杀士，简明的入局手段。

⑤……　　将5平6　　⑥后车平四　马4进6

⑦车四进一（绝杀）

【例局3】

如图10-3，红方先行。

① 车二进七

红方进车蹩马腿，准备进马卧槽！

①……　　后车平2　　②兵五进一

红方弃车冲兵，伏有兵五进一，士6进5，马四进六，将5平6，车八进九，马3退2，马六退五得子的连续手段。

②……　　　　车4进1

黑方如车4平5，红方则车八进九再马四进三将军后退五，黑方双车尽失。

③兵五进一　士6进5

④马四进五　象7进5

⑤马五退七　车2进9

⑥车二平五　将5平6

⑦车五平四（红胜）

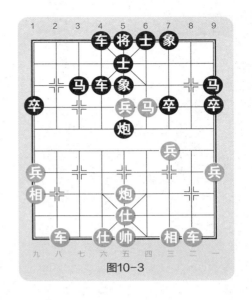

图10-3

【例局4】

如图10-4，红方先行。

①炮六进五

红方进炮准备炮六平八攻击黑方薄弱的右翼。

①……　　　　车9进2

②帅五平四　士5进6

③炮六平八

红方不能车七平六吃马，否则车9进2，帅四进一，卒9进1，车六进一，马9进8，黑方做杀的速度要比红方更快。

③……　　　　象5进3

④炮八进一

红方进炮控制黑方宫顶线，不给黑将以后上"三楼"的机会。

④……　　　　马4进6　　⑤车七进一　马6退4

⑥炮八进二（红胜）

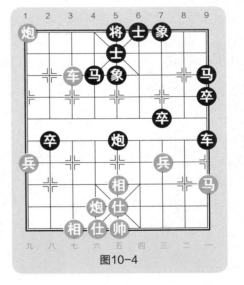

图10-4

【例局5】

如图10-5，红方先行。

①炮五退二　车4平7

②车二平四

红方平肋车一着两用，防止黑方马7进6的同时，以后还有车四进四塞象眼的先手。

②……　　　前马进8

③车八进八

红方先进左车正着，如先走车四进四，则后马退8，车四退一，车1进1，红方反而麻烦。

③……　　　车7进3

⑤帅五进一　车7退2

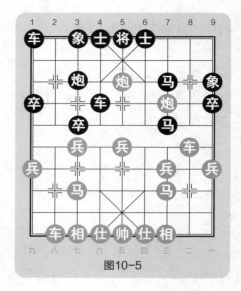

图10-5

④车四进四　马8进7

⑥车四平五（红胜）

【例局6】

如图10-6，红方先行。

①车一进三　士5退6

②炮二进三

红方借车使炮，利用车炮抽将把子力部署在最佳的攻击位置，这是车炮兵子力配合时常用技巧。

②……　　　士6进5

③炮二退五　士5退6

④兵五进一

红方弃兵引离黑将，入局的关键。

④……　　　将5进1

⑤炮二平五　将5平6

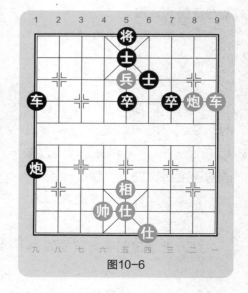

图10-6

⑥车一退一（红胜）

以下各题均由红方先行，写出红方将死黑方的推演过程。

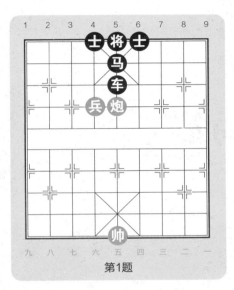

第1题

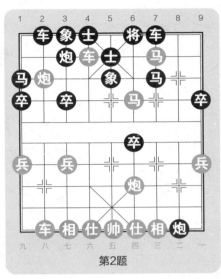

第2题

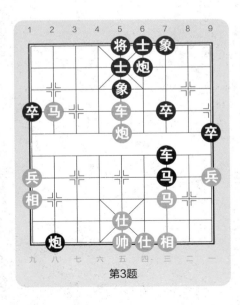

第3题

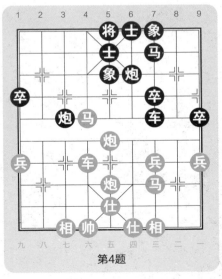

第4题

第三单元

残局篇

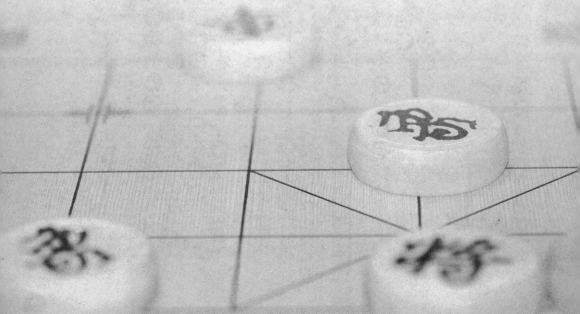

兵类残局

【学习目标】了解兵类残局的基本要领，初步掌握单兵对孤将、单兵对单士、双兵对双士、双兵对双象、双兵对单士象、双兵对单缺士（象）残局的胜和要领。

知识点 1：单兵对孤将

【例局 1】高兵例胜孤将

如图 11-1，红方先行。本局红方的获胜思路是，在帅的助攻作用下，冲兵到黑方宫心，困毙黑方而取胜。

① 兵五进一　将 4 进 1

② 兵五进一　将 4 进 1

黑方将 4 进 1 与将 4 退 1 的结果是一样的。

③ 帅五进一（红胜）

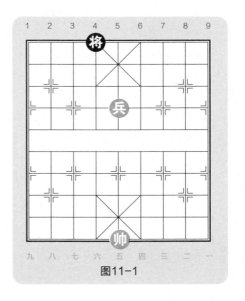

图11-1

【例局 2】低兵例胜孤将

如图 11-2，红方先行。

① 兵三平四　将 5 平 6　　② 兵四平五　将 6 平 5

③ 兵五平六

红方兵与帅同线迫使黑将离开中线，这是红方取胜的要点。

③……　　　　将5平6

④帅六平五　　将6退1

⑤兵六平五　　将6退1

⑥帅五进一（红胜）

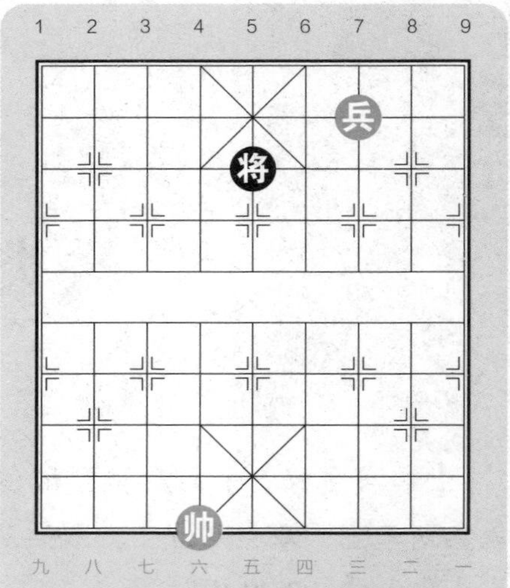

知识点2：单兵对单士

【例局1】低兵例和单士

如图11-3，红方先行。

①兵五平六　　士6进5

②兵六平五　　士5退6

③兵五平四　　将4进1

黑方上将是最简明的守和方法。

④兵四进一　　将4进1

红兵吃底士则形成底兵必和单将的局面。至此，双方和棋。

【例局2】低兵巧胜单士

如图11-4，红方先行。

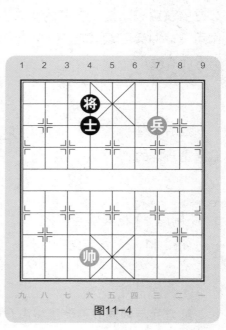

图11-2

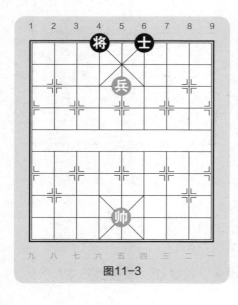

图11-3

图11-4

①兵三平四　　将4退1　　②兵四平五

红方平兵捉死黑士，形成低兵必胜单将的残局。

②……　　　　将4平5　　③兵五平六　　将5进1

④帅六进一　　将5退1　　⑤兵六进一　　将5平6

⑥兵六平五（红胜）

知识点3：双兵对双士

【例局1】双低兵例胜双士

如图11-5，红方先行。

①兵三平四　　士5进6

②兵四进一

红方冲兵换士，简明。

②……　　　　士6退5

③兵四平五

红方献兵将军，迫将回宫，发挥中帅的牵制作用，为捉士做准备。

③……　　　　将4平5

④兵七平六　　将5平6

⑤兵六平五（红胜）

【例局2】双士巧和双低兵（异侧）

如图11-6，红方先行。本例中，红方八路兵较远，无法限制黑将的活动，红方无法取胜。

①兵八平七　　将4进1

黑方上将是守和的要点。

②兵七进一

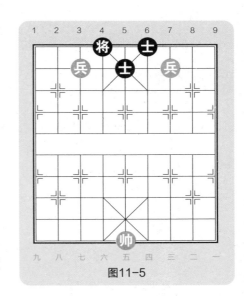

图11-5

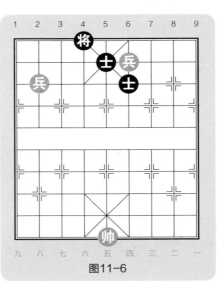

图11-6

红方如兵四平三，则士5退6，兵三平四，士6进5，和棋。

②……　　　　将4进1

黑方将上宫顶线，把两个兵甩在"身后"，红方双兵攻击力量明显不足。

③帅五进一　士5退4（和棋）

注：本例中八路兵如在七路线上，红方可以取胜。

知识点4：双兵对双象

【例局1】高低兵例胜双象

如图11-7，红方先行。红方用帅助攻，巧进高低兵，抢占肋道获胜。

①兵四平五　　将6退1

②兵五平六　　象3退1

③兵六进一

红方高兵不要与黑象进行纠缠，快速冲兵进九宫。

③……　　　　象1退3

④兵二平三　　象5进3

⑤兵六进一　　象3退5

⑥兵六平五（红方胜定）

【例局2】双低兵（异侧）难胜双象

如图11-8，红方先行。本例中，红方双兵位置较低，黑将可以调整到宫顶线，守和红方双兵的进攻。

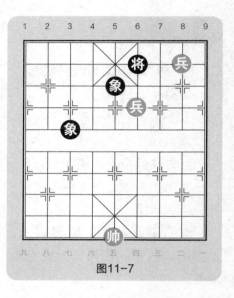

图11-7

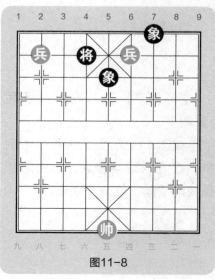

图11-8

①兵八平七　　将4进1

黑方如将4退1，则兵四平五，黑方必败。

②兵四平三　　象7进9　　③兵七平八　　象5进7（和棋）

知识点5：双兵对单士象

【例局1】双低兵（异侧）胜单士象

如图11-9，红方先行。

①兵七平六

平兵控制黑将是红方取胜的要点。

①……　　　　士5进4

黑方如改走士5进6或士5退6，红方取胜的思路相同。

②兵三平四

双兵卡在两肋是红方双低兵的最佳进攻棋形。

②……　　　　士4退5

③兵六平五　　将5平4

④兵四进一　　象5进3

⑤兵四平五（红胜）

【例局2】双低兵相（异侧）例胜单士象

如图11-10，红方先行。红方有相可以掩护红帅的转移，对肋兵提供火力支援。本例红相改成红仕，结果相同。

①兵七平六　　士5进6

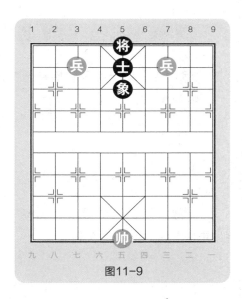

图11-9

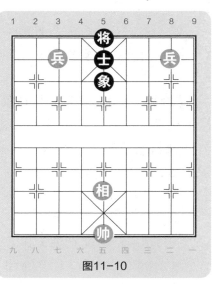

图11-10

②兵二平三　将5平6　③帅五平四　将6平5

④兵三平四　象5进7　⑤帅四平五

在中相的掩护下，红帅可以平到六路支援红兵的进攻。

⑤……　　　　象7退5　⑥帅五平六　士6退5

⑦兵六平五（红胜）

知识点6：双兵对单缺士（象）

【例局1】高低兵例和单缺士

如图11-11，红方先行。

①帅四平五　将4进1

②帅五平六　象5进3

③兵五平六　士4退5

④帅六平五　士5退4

士藏将后，形成"太公坐椅"的棋形，黑方守和的关键。

⑤兵六平七

红方如改走帅五平六，则士4进5，阻止红兵从肋上切入。

⑤……　　　　象7退9

⑥帅五进一　象3退5（和棋）

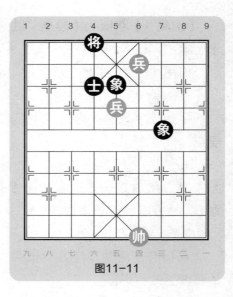

图11-11

【例局2】高低兵例和单缺象

如图11-12，红方先行。黑方要保持象位灵活，红方一兵换双士后，黑方仍可运象走闲。

①兵三平四　象5退7

②兵四进一　象7进9

③帅五进一　象9退7

④兵四进一　象7进9（和棋）

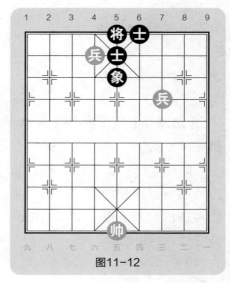

图11-12

以下各题均由红方先行，推演双方着法并写出残局结论。

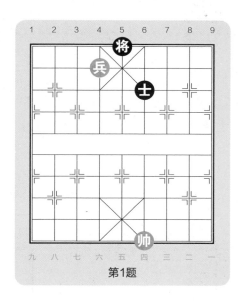

第1题

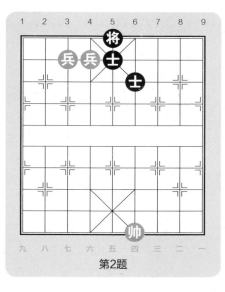

第2题

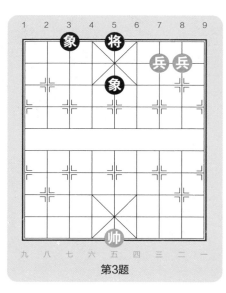

第3题

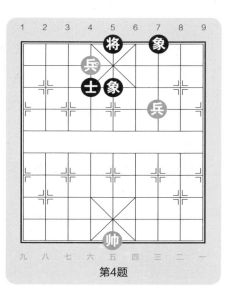

第4题

马类残局

【学习目标】了解马类残局的基本要领，初步掌握单马对孤将、单马对单士、单马对单象、马兵对士象全、单车对马单缺士（象）、单马守和炮士象全残局的胜和要领。

知识点1：单马例胜孤将

如图12-1，红方先行。

① 帅六进一

红方进帅等着，迫使黑将离开中路，压缩黑将活动空间。

① ……　　　　将5平6

黑方如将5平4，红方同样帅六平五，后续着法与主变取胜思路相同。

② 帅六平五　将6进1

③ 帅五退一

红方退帅等着，也可改走马六进五，将6进1，马五退三，将6退1，马三进二后再动帅等一着，形成困毙局面。

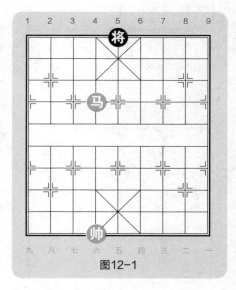

图12-1

③ ……　　　　将6退1　　④ 马六进四　将6进1

⑤ 马四进二（困毙）

知识点 2：单马例胜单士

【例局 1】单马例胜单士（1）

如图 12-2，红方先行。本例中，红马与黑方将、士三子形成一线，是单马擒士的基本形，所有的单马擒士类残局都可以转化成这样的棋形后，红方七步吃士获胜。

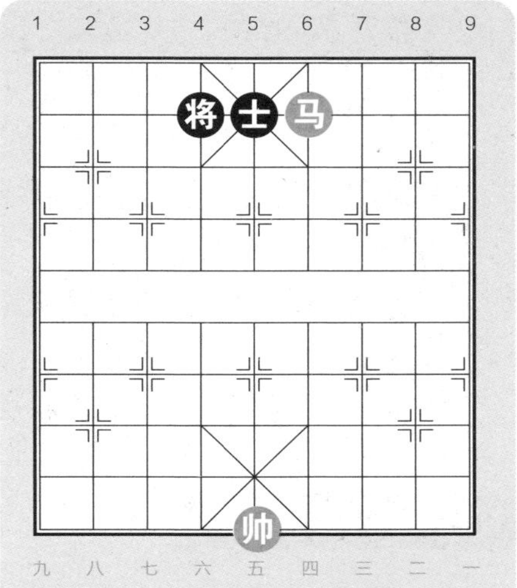

① 马四退五　　将 4 进 1

黑方如将 4 退 1，则马五进七，黑方丢士。

② 马五进三　　士 5 进 6

黑方如改走士 5 退 4，红方仍可马三退四，再马四进六，与主变取胜方法相同。

③ 马三退四　　士 6 退 5

这是红方取胜的关键位置。

④ ⋯⋯　　　　士 5 退 6

⑤ 马六进八

马跳黑方炮台，同样是关键位置。红马只有通过这位置的转移才能实现叫将吃士。

⑤ ⋯⋯　　　　士 6 进 5

⑥ 马八进七　　将 4 退 1

⑦ 马七退五（红方得士胜定）

【例局 2】单马例胜单士（2）

如图 12-3，红方先行。

① 马四退五　　士 5 退 6

④马四进六

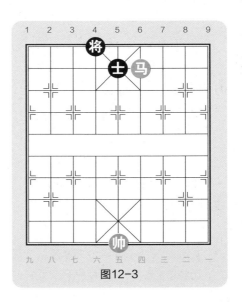

图12-2

图12-3

黑方士5退6和士5进6的结果是相同的，如改走将4平5，则马五进三捉死黑士，红方速胜。

②马五进七

与黑方将同侧的"钓鱼马"位置是红马进行一系列转移的发起点。

② ⋯⋯　　　　将4进1　　　③帅五进一　　将4进1

④马七进六

马从将后面转到肋线，是红方取胜的捷径。

④ ⋯⋯　　　　将4退1

黑方退将与士6进5的结果是相同的。

⑤马六退四　　士6进5

形成单马擒士的基本形，此后红马可以七步擒士，红方胜定。

知识点3：马对单象

【例局1】单马例和单象

如图12-4，红方先行。黑方守和思路在于保持将、象不在同一侧，术语称为"门东户西"。

①马五进四

红方如改走马五进七，则将4退1，帅五进一，象7进9，黑方用象走闲着，和棋。

① ⋯⋯　　　　象7进5

②帅五进一　　将4退1

③马四退五　　象5退7

黑方退底象是最安全的走法，双方和棋。

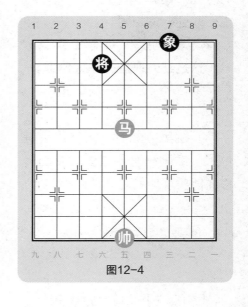

图12-4

【例局2】单马巧胜单象（1）

如图12-5，红方先行。

①马五进七

红方进马一子禁双，获胜的关键。

①……　　　象3退5

②马七进五（红方胜定）

【例局3】单马巧胜单象（2）

如图12-6，红方先行。

①马九进八　象1进3

②马八退七（红胜）

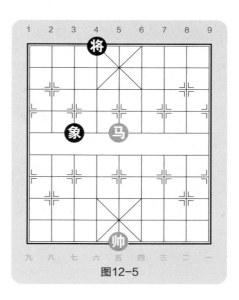

图12-5

【例局4】单马巧胜单象（3）

如图12-7，红方先行。

①马八进六　象1进3　　　②马六退七（红胜）

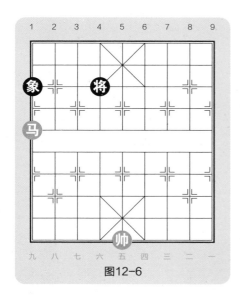

图12-6

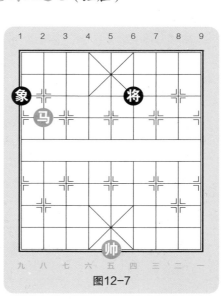

图12-7

知识点4：马兵对士象全

【例局1】马高兵例和士象全（1）

如图12-8，红方先行。当红方中马高兵时，黑方要以将制兵，用象走闲着，当红马离开中路时，黑将要迅速归中，随即调整士的位置，以一士制兵，保住宫心，另一士遮头，如士、将均不能动时，则用象走应着，才能守和。

① 兵三进一　　将6进1

② 兵三进一　　将6退1

③ 马五进三　　将6平5

④ 兵三平四　　士5退6

⑤ 马三退五　　士4进5

⑥ 帅五平六　　象5进3（和棋）

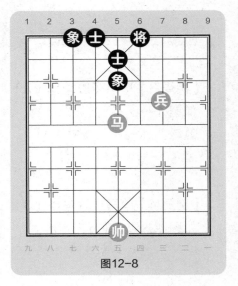

图12-8

【例局2】马高兵例和士象全（2）

如图12-9，红方先行。

① 兵六进一　　士6进5

② 兵六进一　　象5退7

③ 马八退七　　将5平6

黑方6路是高士，黑将的活动空间很大。

④ 帅五平四　　将6平5

⑤ 马七退五　　象7进5

⑥ 帅四平五　　将5平6

（和棋）

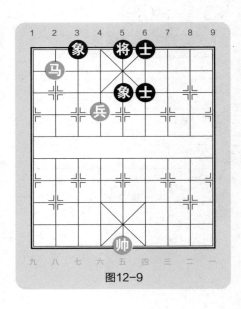

图12-9

【例局3】马高兵巧胜士象全（1）

如图 12-10，红方先行。

① 兵五平四

红方平兵控士，简明有力。

① ……　　　　士5退4

黑方如改走象5退7，则马八退六，将5平4，马六进七，得象后红方胜定。

② 马八退六　将5进1　　　③ 马六进七（红方胜定）

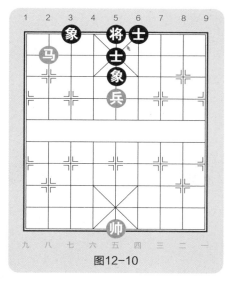

图12-10

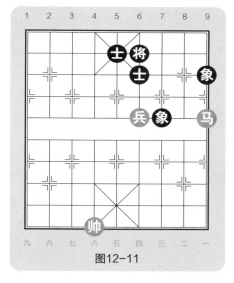

图12-11

【例局4】马高兵巧胜士象全（2）

如图 12-11，红方先行。

① 马一进三　将6退1　　　② 马三进二　将6平5

③ 兵四进一　士5退6　　　④ 兵四进一（红方胜定）

知识点5：单车对马单缺士（象）

【例局1】单车例和马单缺士（1）

如图 12-12，红方先行。黑方以马代士，形成类似士象全守和单车的棋形。

①帅五平六　马4进2　　②车一平八　马2进4

③车八进四　象5退3　　④帅六平五　象7进5（和棋）

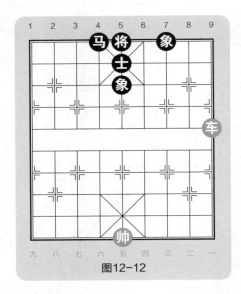

图12-12

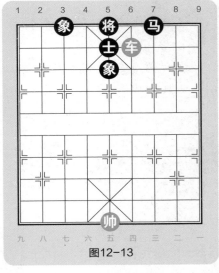

图12-13

【例局2】单车例和马单缺士（2）

如图 12-13，红方先行。黑方用象保马，用马保士，士角与底线是黑马进退的要点。

①车四平三　将5平4

红方进车压马时，黑方用将走闲着。

②车三平二　象3进1　　③车二退二　象1进3

④车二平六　将4平5　　⑤帅五平六　象3退1

⑥车六平八　象1退3（和棋）

【例局3】单车例和马单缺象（1）

如图 12-14，红方先行。黑方双士互保，用马保护底象，俗称"只马当象"，防御能力相当于士象全。本例中，黑方双士、马、象是最佳的防守棋形。

①帅五平四　将6平5　　②车三进一　象7进5

③车三平四　象5进7　　④帅四平五　象7退5

⑤帅五进一　马6进7　　⑥车四退二　马7退6（和棋）

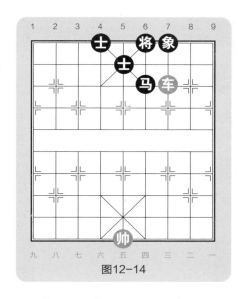

图12-14

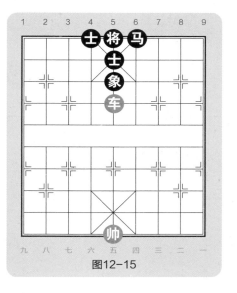

图12-15

【例局4】单车例和马单缺象（2）

如图12-15，红方先行。

①帅五进一　象5退3　②车五平六　象3进5

③帅五退一　象5退7（和棋）

知识点6：单马巧和炮士象全

如图12-16，红方先行。

①马三进二

红方进马，防止黑方炮2平6叫将。

①……　　　炮2平7

②帅四进一

红方马不能离开防守要点，动帅走闲。

②……　　　炮7进1

③马二退三

红方退马防住黑方炮7平6的叫将。

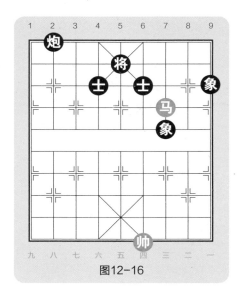

图12-16

由此，红方用马守住黑炮的两个进攻点，黑方无计可施，双方和棋。

课后练习

以下各题均由红方先行，推演双方着法并写出残局结论。

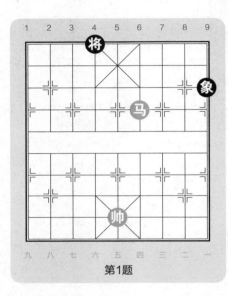

第1题

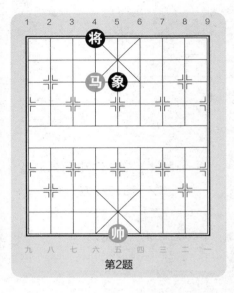

第2题

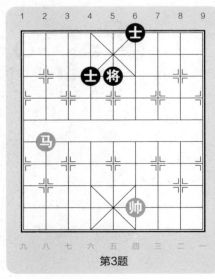

第3题

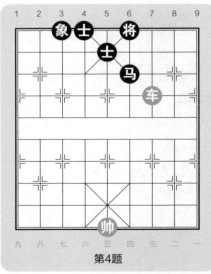

第4题

炮类残局

【学习目标】了解炮类残局的基本要领，初步掌握炮仕对双士、炮单仕对单象、炮有仕相对单士象、炮双士（象）对单车、炮兵有仕相对单缺士（象）、双炮有仕相对炮双士（双象）残局的胜和要领。

知识点1：炮仕例胜双士

【例局1】炮双仕例胜双士

如图13-1，红方先行。红方双仕分占两条肋线，帅在中路发挥牵制作用，这是红方最佳攻击阵形。

① 炮二平六

红方平炮不给黑将走到有士的一侧。

① …… 　　将6进1

② 炮六平四　　士5进6

③ 炮四退一

红方退炮等着，保持牵制。

③ …… 　　将6退1

黑方如改走士4退5，则仕四退五，闷杀。

④ 炮四进七

得士后，红方胜定。

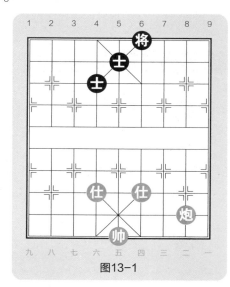

图13-1

【例局2】炮单仕例胜双士

如图 13-2，红方先行。与上局相比，红方少一仕缺少一个进攻支持点，因此红方采用"逼迫"式的攻击方法，把黑将逼到有红仕的一边。

①炮二平四

红方平炮控制黑方中士转移，逼迫黑将平中。

①……　　　将4平5

②炮四平六

红方平炮控肋，让黑将走到有红仕的一侧。

②……　　　将5平6　　　③炮六平五

空心炮是红方取胜的关键。

③……　　　士5进6　　　④炮五平四　士4退5

⑤炮四退一　将6平5　　　⑥炮四进七

得士后，红方胜定。

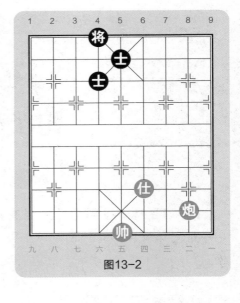

图13-2

知识点2：炮单仕必胜单象

如图 13-3，红方先行。红帅只要占中，就可使黑方孤象难守。

①仕五进六　将4进1

②炮一平五　将4平5

③炮五进七（红胜）

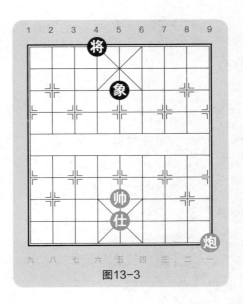

图13-3

知识点 3：炮有仕相例和单士象

【例局 1】炮单仕相例和单士象

如图 13-4，红方先行。黑方将、士、象三子互保，红方难以取胜。棋谚：炮不打两样。两样就只单士、单象。红方无法同时控制黑方士和象，可成和棋。注：本例红方若为仕相全黑方同样可以谋和。

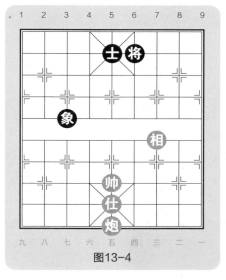

图13-4

①仕五进四　士 5 进 6
②相三退一　将 6 退 1

黑方也可象 3 退 1，退象走闲。以下红方如炮五平四，则象 1 进 3，可和。

③炮五平四　将 6 进 1　④帅五退一　象 3 退 5（和棋）

【例局 2】炮单缺相例和单士象

如图 13-5，红方先行。红方虽然看似炮架很多，但是反而因为控中的时候棋慢一着，黑方抢先将守中路，形成和棋。

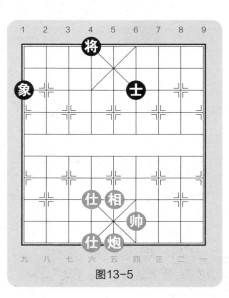

图13-5

①相五进七　将 4 平 5

黑将先抢到中路，可以随时与士、象联络，黑方守和的关键。

②炮五平四　士 6 退 5
③仕六进五

红方如帅四平五，则将 5 平 6，帅五进一，象 1 退 3，炮四进一，将 6 进 1，和棋。

③……　　　　　象 1 退 3　　　④帅四进一　将 5 平 4

⑤炮四平六

红方如炮四平五捉士，则将 4 进 1，和棋。

⑤……　　　　　将 4 平 5　　　⑥帅四平五　将 5 平 6

黑方出将简明，避开红方的攻击，以下红方如续走仕五进四，则将 6 进 1，和棋；又如走炮六平四，黑方仍可走将 6 进 1，双方仍是和棋。

知识点 4：炮双士（象）对单车

【例局 1】单车例和炮双士（1）

如图 13-6，红方先行。黑方炮双士例和单车，术语称为"炮三士"，其防守力量相当于士象全。

①车五平七　将 4 进 1　　　②车七进五　将 4 退 1

③帅五进一　将 4 平 5　　　④车七平六　将 5 平 6（和棋）

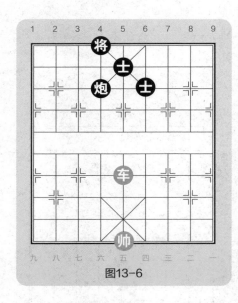

图13-6

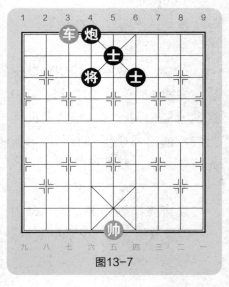

图13-7

【例局 2】单车例和炮双士（2）

如图 13-7，红方先行。

①帅五进一　将 4 退 1　　　②车七退一　将 4 进 1

③帅五退一　炮4平6（和棋）

【例局3】单车例和炮双象（1）

如图13-8，红方先行。黑方低联中象，炮不离开中路，如被迫离开时，应伺机迅速回来，只要炮、象占中路，红车就没法破象取胜。

①帅五进一　炮5进1　　②车七平五　炮5平4

③车五平一　炮4平5（和棋）

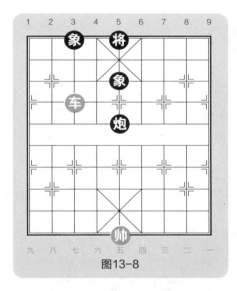

图13-8

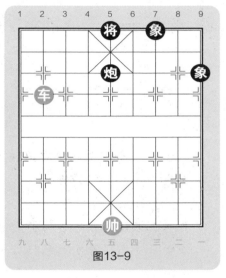

图13-9

【例局4】单车例和炮双象（2）

如图13-9，红方先行。黑方炮在中象位，形成"炮三象"棋形，用将走应着，如将被迫不能动时，有炮走闲着，即可守和。

①车八进三　将5进1　　②车八平六　炮5进1（和棋）

知识点5：炮兵有仕相对单缺士（象）

【例局1】炮高兵仕例胜单缺象

如图13-10，红方先行。

①兵六平五　象5退3　　②兵五平四　士5进6

③兵四进一　将6进1　　④仕五进四（红胜）

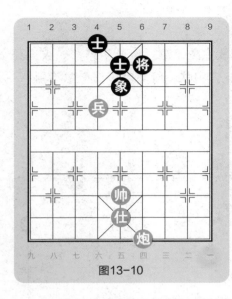

图13-10

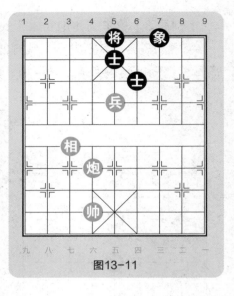

图13-11

【例局2】炮高兵相例胜单缺象

如图13-11，红方先行。

①炮六平五　象7进9

黑方如改走将5平6与主变思路相同。

②兵五平四　将5平6

③帅六平五

红方借助帅的牵制中路。

③……　　　　象9进7

④炮五平四　将6平5

黑方如改走象7退9，则兵四进一，红方带将破士，胜定。

⑤炮四进四（红方胜定）

【例局3】炮高兵双相例胜单缺士

如图13-12，红方先行。本

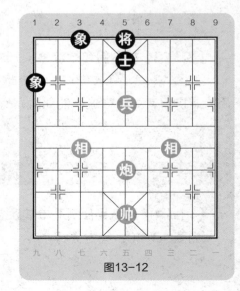

图13-12

例中，如果红方是单相同样是例胜残局。

① 帅五平四　象 1 进 3　　　② 炮五退三　象 3 退 1

③ 兵五平六　士 5 进 6　　　④ 相三退五　将 5 平 6

黑方如改走士 6 退 5，则兵六进一，象 1 进 3，兵六进一，红方捉死黑士（红方要用炮打士，不能用兵吃士），红方胜定。

⑤ 炮五平四　象 1 进 3　　　⑥ 炮四进七（红方胜定）

知识点 6：双炮有仕相对炮双士（双象）

【例局 1】双炮单仕例胜炮双士（1）

如图 13-13，红方先行。

① 炮四平六　将 4 平 5　　　② 炮九平二　炮 1 平 8

③ 炮二进二　炮 8 退 1　　　④ 炮二进一　炮 8 平 7

⑤ 炮二进二　炮 7 退 1　　　⑥ 帅五退一（红胜）

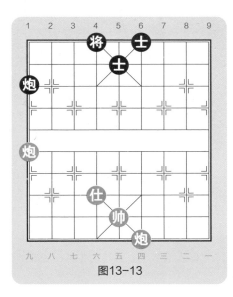

图13-13

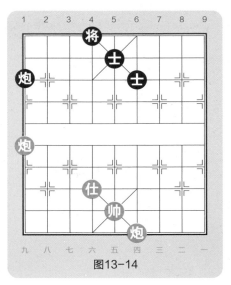

图13-14

【例局 2】双炮单仕例胜炮双士（2）

如图 13-14，红方先行。

① 炮四平六　将 4 平 5　　　② 炮九平五　士 5 退 4

黑方如改走士5退6，红方取胜的方法见下一局。

③帅五平四　炮1退1　　④炮六平五　将5平6

⑤后炮平四　炮1平6

黑方如士4进5，则帅四平五，绝杀。

⑥炮五平四

兑炮以后形成炮单仕例胜双士残局，红方胜定。

【例局3】双炮仕相全例和炮双象

如图13-15，红方先行。

黑方炮在将前，随时准备兑炮简化局面，红方有两种攻法，但均无法取胜。

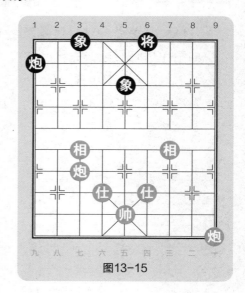

图13-15

着法一：

①炮一平四　炮1平6

②炮七平四　炮6平5

③帅五平六　将6平5

④仕六退五　炮5平2

（和棋）

着法二：

①炮七平五　炮1平6

②炮一平六　象3进1

③帅五退一　象5进3

④炮六进一　将6平5

⑤仕四退五　炮6退1

⑥相三退五　炮6进1（和棋）

以下各题均由红方先行，推演双方着法并写出残局结论。

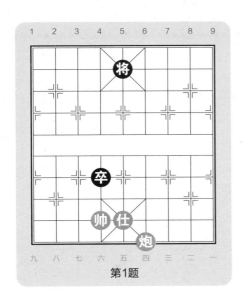

第1题

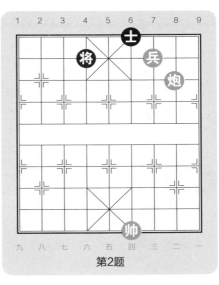

第2题

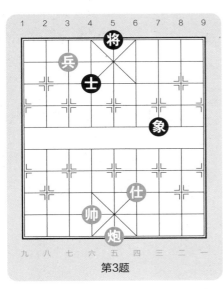

第3题

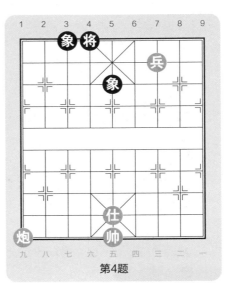

第4题

第 **14** 天

车类残局

【学习目标】了解车类残局的基本要领，初步掌握单车对双士、单车对双象、单车对单缺士（象）、单车对士象全、单车对双卒（双士）残局的胜和要领。

知识点1：单车对双士

【例局1】单车例胜双士（1）

如图14-1，红方先行。

① 帅四平五

中帅配中车在车类残局中是最典型的控制手段。

① ……　　　将5平4

② 车五平六　　将4平5

黑方如士5进4，则车六进五，破士后红方胜定。

③ 车六进六（红胜）

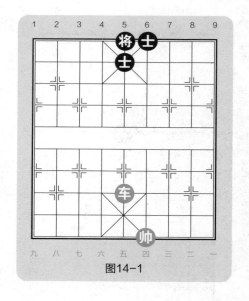

图14-1

【例局2】单车例胜双士（2）

如图14-2，红方先行。

① 车五平一　　士5进6

黑方如将6平5，则车一进七，杀棋。

② 车一进七　　将6进1　　③ 帅五平四

红方出帅牵制将前士是常见战术手段。

③……　　　将6平5

黑方如改走士4退5，则车一退一，将6退1，车一平五，红方得士胜定。

④车一平四　　将5平4

⑤车四退二（红方胜定）

知识点2：单车对双象

【例局1】单车例胜双象（1）

如图14-3，红方先行。

①车八进五　　将4进1

②车八平五

形成"篡位车"是红方取胜的关键。

②……　　　象5进3

③车五退四　　象7退5

④车五平六　　将4平5

⑤车六平七（红方胜定）

【例局2】单车例胜双象（2）

如图14-4，红方先行。

①帅四平五

中帅有助于红方牵制黑方双象的活动。

①……　　　将5平4　　②车一进六　　将4平5

③车一平二

红方平车控制双象，目的是为了抢到车占宫心的机会。

③……　　　将5平4　　④车二平五

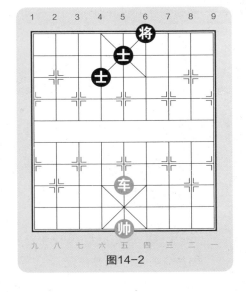

图14-2

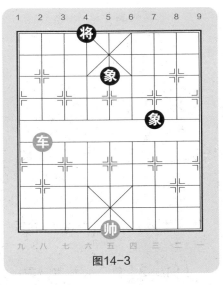

图14-3

这是红方的制胜点。

④ ……　　　象5进3

⑤ 车五进一　将4进1

⑥ 车五平三（红方得象胜定）

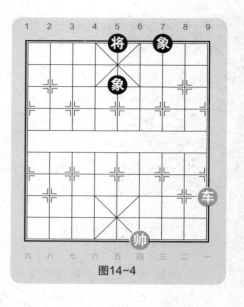

图14-4

知识点3：单车对单缺士（象）

注：此类残局，红方取胜要领是逢单（单士、单象）先捉。

【例局1】单车必胜单缺士

如图14-5，红方先行。

红方以帅助攻，先捉士后破象。

① 车二进四　士5退4

② 车二平八

红方平车准备车八进一粘住黑士。

② ……　　　象7进9

黑方如士4进5，则车八进一，士5退4，帅五平六，红方捉死黑士。

③ 车八进一　象9退7

④ 帅五平六

黑士被捉死，红方得士后胜定。

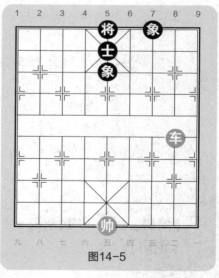

图14-5

【例局2】单车必胜单缺象

如图14-6，红方先行。

① 车七进一

红方捉象时，车要找到能够同时控制住黑象两个落点的"十字路口"。

① ……　　　象5进7　　　② 车七平三

这是红方制胜点，黑象无论是退5或是退9，红车都可吃掉黑象。

② ⋯⋯　　　　象7退9　　　③车三平一（红方胜定）

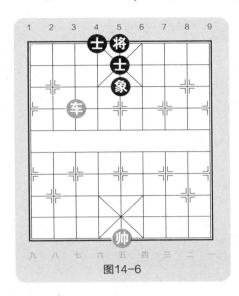

图14-6

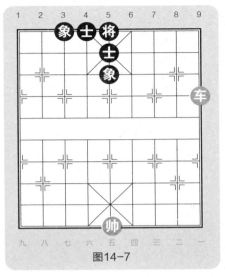

图14-7

知识点4：单车对士象全

【例局1】单车例和士象全（1）

如图14-7，红方先行。

黑方士象全在中线联防，红方单车无机可乘。

①帅五平四　士5退6（和棋）

本例是黑方防守的最佳棋形。

【例局2】单车例和士象全（2）

如图14-8，红方先行。

①帅四平五　象7进5

②帅五平六　士5退4

③车九进二　象9退7

④车九进二　士6退5（和棋）

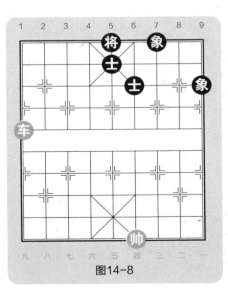

图14-8

知识点5：单车对双卒（双士）

【例局1】单车例胜双低卒

如图14-9，红方先行。

①车一进三

红方要车和帅紧密配合，牵制黑卒各个击破。

① ……　　　将5进1

②车一平五　　将5平4

③帅四平五

红方进帅牵制黑方中卒，为以后车五平六谋黑方4路卒做准备。

③ ……　　　将4退1

④车五平六　　将4平5

破卒以后，红方胜定。

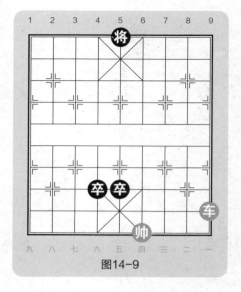

⑤车六退二

图14-9

【例局2】单车例和双高卒双士

如图14-10，红方先行。黑方双高卒要在4、5路并联，士要在6路底联，双卒与双士联合保护黑将，使红车无法打破联防，才能守和。

①车五平六　　卒4平3

②车六平九　　卒3平4

③车九进五　　士5退4

④车九退六　　士4进5

⑤帅五进一　　将5平4

　（和棋）

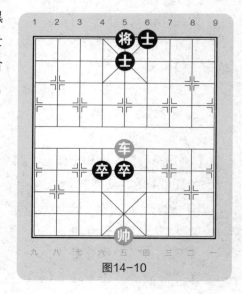

图14-10

以下各题均由红方先行，推演双方着法并写出结论。

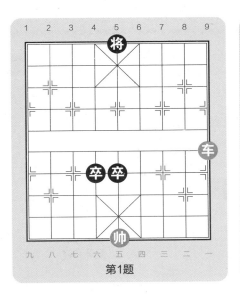

第1题

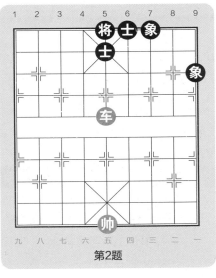

第2题

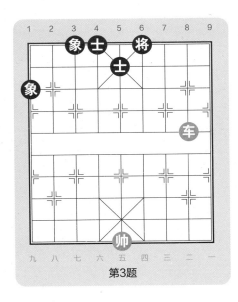

第3题

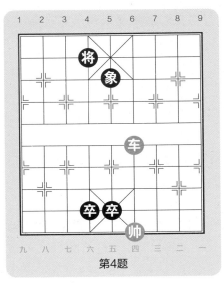

第4题

车炮（马）类残局

【学习目标】了解车马对马（炮）士象全、车马对单车（车单士）、车马双仕（相）对车双士、车炮对单车、车炮有仕相对车双士（象）、车炮有仕相对炮（车）士象全残局的攻守要点。

知识点1：车马对马（炮）士象全

【例局1】车马例胜马士象全

如图15-1，红方先行。

①车四平六

红方平车牵制黑马，为以后利用交换战术谋取黑士做准备。

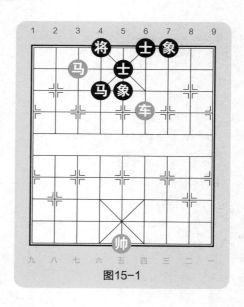

图15-1

①……	象5退3
②马七退八	象7进5
③马八进六	士5进4
④车六进一	将4平5
⑤车六进一	

形成单车例胜单缺士残局，红方胜定。

【例局2】车马例胜炮士象全

如图15-2，红方先行。

①马六退五　士5进6

黑方如改走士 5 退 4，则马五进四，炮 4 退 1，车九进四，黑炮被捉死，红方胜定。

② 马五进四　士 6 进 5　③ 马四进六　士 5 进 4

④ 车九进五　将 5 进 1　⑤ 车九平四

黑士被捉死，红方胜定。

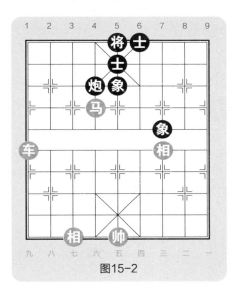

图15-2

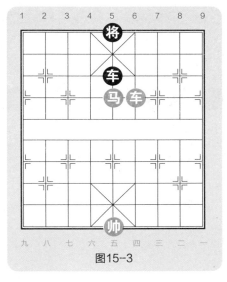

图15-3

知识点 2：车马对单车（车单士）

【例局 1】车马例胜单车

如图 15-3，红方先行。

① 帅五平四　将 5 进 1

② 马五退六　车 5 进 3

③ 车四平五　车 5 退 2

④ 马六进五（红方胜定）

【例局 2】车马双相例胜车单士

如图 15-4，红方先行。

① 马三进二　士 6 退 5

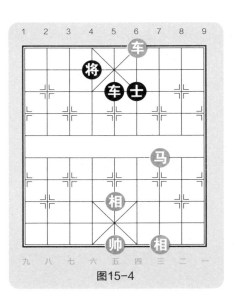

图15-4

②车四退三　　车5平4　　　③车四平五

红方准备扬相捉中士。

③……　　　车4进7　　　④帅五进一　车4退7

⑤相五进七　士5进6

黑方如改走士5退6，则马二进三再马三进五控制黑车回防的位置，以后可以通过马五退四、车五进一、车五进二等连续手段获胜。

⑥马二进一

下一着马一进三捉死黑士，红方胜定。

知识点 3：车马双仕（相）对车双士

【例局 1】车马双仕例胜车双士

如图 15-5，红方先行。

①马七进五

关键要点，红方进马后占据进攻制胜点。

①……　　　车6平5

黑方如改走将4平5，则车七进二，士5退4，马五进六，抽吃黑车，红方胜定。

②车七进二　将4进1

③马五进七　车5平3

黑方只能弃车砍马解杀。

④车七退三（红方得车胜定）

图15-5

【例局 2】车马双相例胜车双士

如图 15-6，红方先行。

①马五进三　车6平5　　　②车三退二　将6退1

③马三进一

红马从边线切入是这类残局的常用思路。

③……　　　士5进6　　　④马一进二　将6平5

⑤车三平四

红方得士胜定。

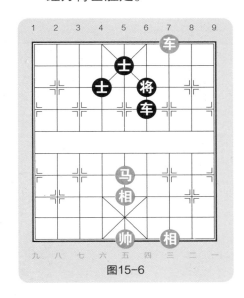

图15-6

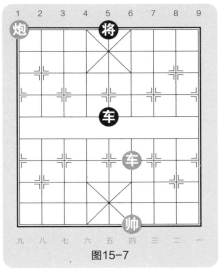

图15-7

知识点4：车炮对单车

【例局1】车炮例和单车

如图15-7，红方先行。本例中，黑方车将占中，可以守和车炮的联攻。

①车四进六　将5进1　　②炮九平五　将5平4

黑方也可改走车5平4，以下炮五平六，车4退1，车四退四，将5退1，炮六平八，车4平5，和棋。

③车四退三　将4退1　　④炮五退三　将4平5（和棋）

【例局2】车炮巧胜单车

如图15-8，红方先行。本例中，黑方车将都在肋线，红方中车中帅可以利用"海底捞月"杀势取胜。

①炮三进五　车6进2　　②炮三平四

平炮打车是红方取胜的关键，也是实现海底捞月杀势的重要一环。

②……　　　车6平4　　③车五退六　车4退2

④车五平四　车4平6　　⑤炮四退二（红方得车胜定）

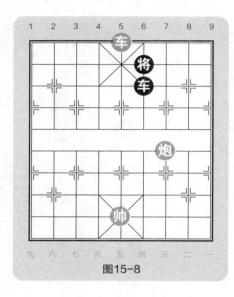

图15-8

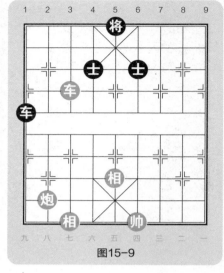

图15-9

知识点5：车炮有仕相对车双士（象）

【例局1】车炮双相例胜车双士

如图15-9，红方先行。

①炮八平五　将5平4

②车七平六　将4进1

黑方如改走士6退5，则炮五进七，红方得士胜定。

③炮五平六　将4平5

④车六进一（红方得士胜定）

【例局2】车炮仕例胜车双象

如图15-10，红方先行。

本例中，红方要牵制黑车，并摧毁其双象联防。

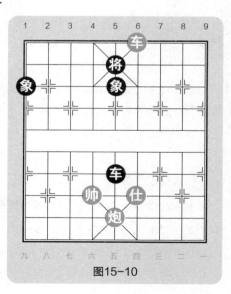

图15-10

①车四退六　　车5退1　　②车四平七　　将5平6

黑方如改走将5退1，则车七进四，象1进3，车七进二，将5进1，车七退四，红方胜定。

③车七进五　　将6退1　　④车七平五

红方车占中心时，必须注意双象的分散，否则，黑方车5平4照将后，车4进3跟炮，红方就要多费周折了。

④……　　　　车5平4

⑤帅六平五　　车4进3

⑥车五退一（红方胜定）

知识点6：车炮有仕相对炮（车）士象全

【例局1】车炮双相例胜炮士象全

如图15-11，红方先行。

①车五平四　　象3进1

黑方如改走炮6退2，则炮二平五，象3进1，车四平三，以后车三进三再帅五平四，红方胜定。

②炮二平五　　将5平6

③炮五平四　　将6进1

④车四平五　　炮6平8

⑤车五进一（红方破象胜定）

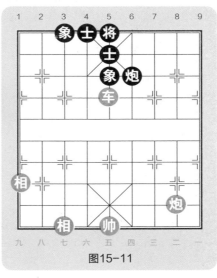

图15-11

【例局2】车炮仕相全例和车士象全

如图15-12，红方先行。黑方在后防坚固的情况下，用车兑换对方的炮或车，即可弈和。

①炮五平八　　车5平2

②炮八平五　　车2平5（和棋）

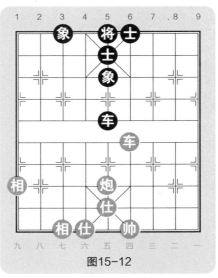

图15-12

课后练习

以下各题均由红方先行，推演双方着法并写出结论。

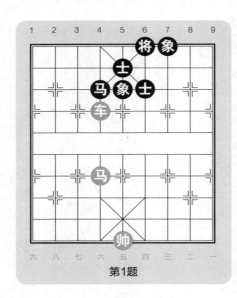

第1题

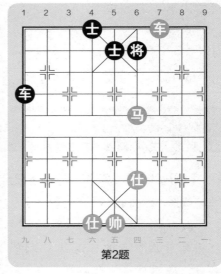

第2题

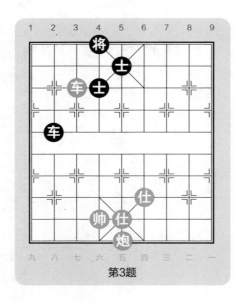

第3题

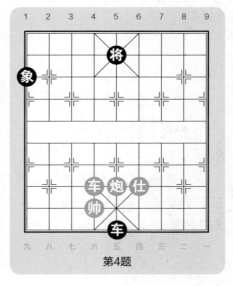

第4题

中局篇

审子

【学习目标】学会分析对方子力的行棋意图，简单判断对方的行棋计划。

知识点1：动子——横向走动

如图 16-1，红方先行。

① 车一平三

红方此着的意图是准备车三进四吃掉黑方过河卒。

小结：棋子横向走动，其意图在纵向行棋中体现。

知识点2：动子——纵向走动

如图 16-2，红方先行。

① 车二进四

红方此着的意图是准备车二平七吃掉黑方过河卒。

小结：棋子纵向走动，其意图在横向行棋中体现。

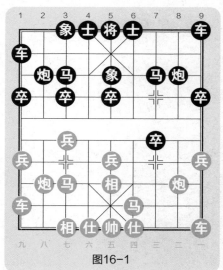

图16-1

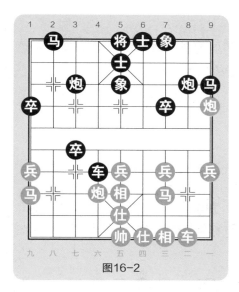

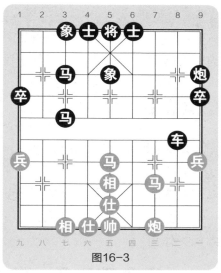

图16-2

图16-3

知识点3：吃子——重新计算

如图 16-3，红方先行。

①马三进二

红方进马吃掉黑车以后，其行棋意图要结合实际情况重新考虑，红方下一着可能马二进一吃卒，也可能马二进三捉炮，还有可能马二进四再马四进六准备攻击黑将。

小结：一方吃掉对方棋子后，其行棋意图要重新计算（考虑）。

知识点4：动子为静子让路

如图 16-4，红方先行。

①炮三退二

红方此着的意图是准备下一着马二进三串打，黑方逃车必然

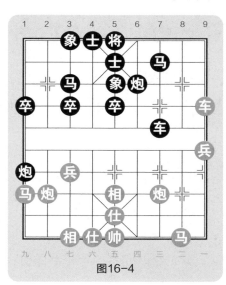

图16-4

失马。

小结：一方棋子走动后并没有明显的意图体现时，要考虑其是否为其他静子接下来的行棋起到了让路的作用。

知识点 5：动子保护静子

如图 16-5，红方先行。

①炮二进二

红方此着的意图是准备下一着马七进八打车。

小结：一方棋子走动后，动子可能在为静子下一步的行棋预先起到保护作用。

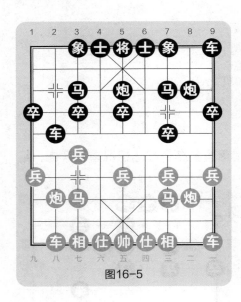

图16-5

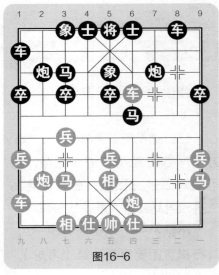

图16-6

知识点 6：行棋带有多种意图

如图 16-6，红方先行。

①炮四平三

分析红方此着的行棋意图时，既要考虑它拦截黑方 7 路炮下底将军的作用，还要考虑到此着之后，黑马不能走到马6进7的位置了，红方有效限制了黑马的转移路线。

小结：一方动子行棋后，动子和静子都起到作用时，注意分析行棋的主要意图。

知识点 7：诱敌深入

如图 16-7，红方先行。

① 炮五退一

红方此着依纵向走子横向审读意图的方法，可以考虑到红炮可能会选择炮五平三或炮五平七，但乍看之下这样做只会影响炮的灵活性，意义并不大。红方真正的行棋意图是什么呢？

① ……   车 3 进 2

② 炮五平七   马 3 进 2

③ 车六进二

黑方被串打，必丢一子。

小结：诱敌深入往往是在已经破解对方的行棋意图后，设下伏兵，等待对手上钩。

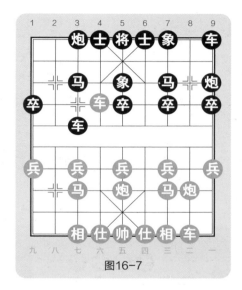

图16-7

知识点 8：声东击西

如图 16-8，红方先行。

① 兵七进一

红方送兵给黑卒吃，看似并没有能得回失子的后招。那红方真实的意图是什么呢？黑方若卒

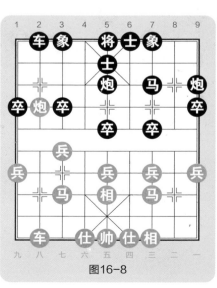

图16-8

3进1吃兵，红方可以炮八平三借杀抽车！

① ······ 卒3进1 ②炮八平三 马7进5

③车八进九（红方得车）

小结：声东击西的行棋意图，往往不是走动的这枚棋子本身的进攻威胁，而是让它制造出佯攻的假象，为己方其他棋子的攻杀创造机会。

【助记要点】

横向走子纵向看，纵向走子横向看，吃子以后重新算。

看完动子审静子，原来不能动的子，动前动后细分辨。

根据以下棋图及对应的着法，分析红方行棋的目的。

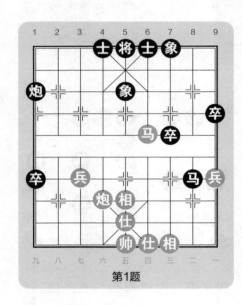

第1题

①马四进六

目的分析：

第2题

①炮七平五

目的分析：

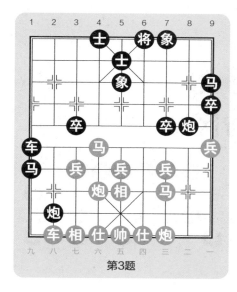

第3题

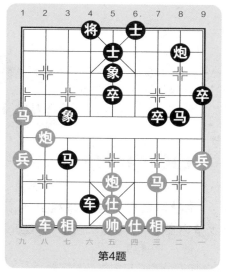

第4题

①马六进五

目的分析：

①炮八平二

目的分析：

线路与区域

【学习目标】理解棋盘上各条线路及由线路构成的各个区域，建立抢占重要线路和区域运子的意识。

知识点 1: 中线的重要性

如图 17-1 所示，棋盘上竖向的第 5 条直线即是中线，通常用"五·5 线"来代表。中线是有关将、帅安危的生命线，亦为双方必争的战略要点。对局时，需力争控制该线，使之不被对方棋子占领或牵制。

如图 17-2 局面，红黑双方的炮谁先抢占红圈位置，都可以做杀。

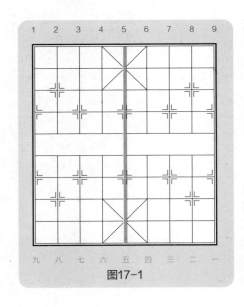

图17-1

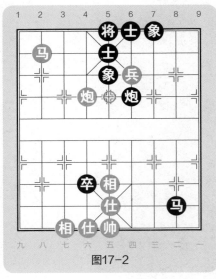

图17-2

知识点 2：四、六路肋线的重要性

如图 17-3，棋盘中的第四（4）、第六（6）两条直线称为"肋线"。肋线因在中线左右，是对局双方攻守的要道线。主控肋线的选择，应参考对方补仕（士）的方向。如黑方上左士，红方车优先考虑占四路；若黑方上右士，则红方车立六路会更好一些。

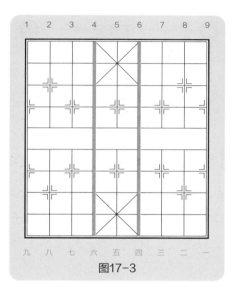

图17-3

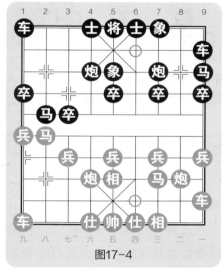

图17-4

如图 17-4，红方一路车只有平到四路红圈的位置才能活通，黑方 9 路车同样只有平到 6 路红圈的位置才能活通。这条线路同是红车和黑车的出动要道，谁先占据，谁就更有利。

知识点 3：巡河线的重要性

如图 17-5，巡河线是棋盘上构成河界的两条横线。对局中，一方棋子在己方河界线上，称

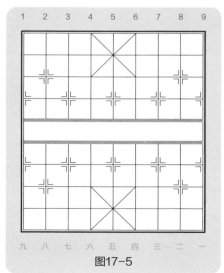

图17-5

"巡河""沿河",如巡河车、巡河炮等。一方棋子在对方河界线上,称"骑河",如骑河车、骑河炮等。通常情况下,一方占据巡河位置有利于活通本方子力,占据骑河位置有利于控制对方子力的展开。

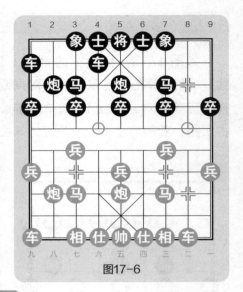

图17-6

如图17-6形势,红方如果车二进五走到红圈的位置,可以控制黑方双马的展开;黑方如车4进3走到另一个红圈的位置,可能通过兑3卒或7卒活通马路。

知识点4:兵(卒)林线的重要性

如图17-7,兵(卒)林线是棋盘中兵或卒所在的原始位置的两条横线。由于兵(卒)有巩固阵地、阻碍对方子力展开等作用,己方棋子如能占据对方兵(卒)林线,就能给予对方以压力和威胁。兵(卒)林线靠近九宫之处,又为双方必争之地。

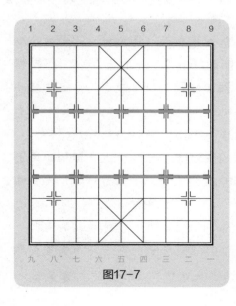

图17-7

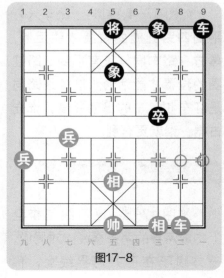

图17-8

如图 17-8，盘面上红方比黑方多一兵，红方先行可车二进三占据兵林线来保护边兵，随后掩护边兵过河，红方取胜机会很大；如黑方先行则车 9 进 6 占据兵林线捉兵，黑方就有守和的机会。

知识点 5：进攻区域与防守区域

区域是由点和线构成的空间。在棋盘上红方横向从三路线到七路线，纵向从底线到巡河线，如图 17-9 中红方阵地中红色方块圈住的方形就是红方的防守区域。通常黑方子力在这一区域内达到三子（含三子）以上，表示红方将要或者正在受到攻击。同理，黑方横向 3 路线到 7 路线，纵向底线到巡河线区域是黑方的防守区域。相对于双方攻防而言，黑方的防守区域就是红方的进攻区域；红方防守区域即是黑方的进攻区域。

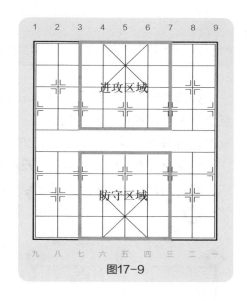

图17-9

防守区域和进攻区域的作用在于可以辅助棋手简易的判断局面态势，并为子力调动提供参考。

如图 17-10，红方先行。

① 马六进五

红方进马拓展进攻空间。

① ⋯⋯ 炮 8 进 2

② 兵五进一

红方进中兵保持空间上的制约。

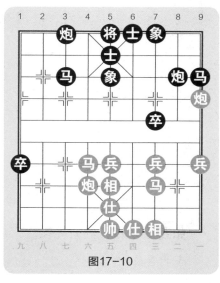

图17-10

② ……　　　　卒 1 平 2　　　③ 兵一进一

当进攻区域内暂时没有好的位置时，选择可以发挥本方优势的子力来开动。显然边兵是红方的优势所在。

③ ……　　　　卒 2 平 3　　　④ 炮六进六

红方进炮可以牵制黑方 3 路马，使其不能轻易离位，否则红方炮一平九，双炮马配合有攻势。至此，红方优势。

知识点 6：封锁区域与反封锁区域

如图 17-11，相对于红方来讲，棋盘上红色的区域就是封锁区域，反之，黑色区域就是反封锁区域。对于黑方来说则正相反，红方的反封锁区域就是黑方的封锁区域，红方的封锁区域就是黑方的反封锁区域。

特别是在开局阶段，封锁与反封锁是布局战的焦点和主要战斗方式。双方的车、马、炮、兵（卒）都会最大程度地在这个区域展开。利用好这个区域，有助于在布局阶段快速出动大子并形成子力整体的合力。

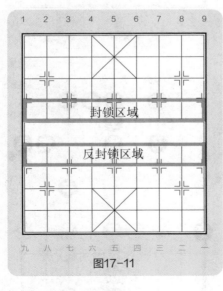

图17-11

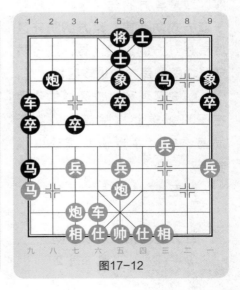

图17-12

如图 17-12，红方先行。

① 车六进四

红方进车骑河，封锁黑方马7进6或马7进8的路线。如改走兵五进一，则马7进6，兵五进一，卒5进1，车六进四，炮2进2，车六退一，象9退7，黑方阵型厚实，子力活跃，反先。

① ……　　　卒1进1　　②炮七平五　炮2进2

③车六进三　马7进6

黑方进马准备车1平4兑车，伺机抢占肋线。

④车六平八

红方平车不给黑方车1平4兑车的机会。

④ ……　　　炮2进1　　⑤后炮平九　炮2平4

⑥马九退七　象9退7　　⑦仕四进五

双方互相牵制，大体均势。

课后练习

根据棋图和棋图下方的问题，做出计算。

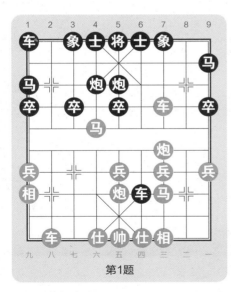

第1题

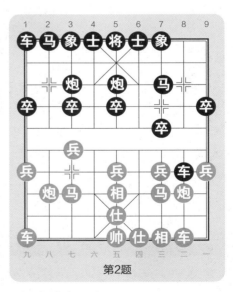

第2题

红方先行

问题1：红方的最优选择是？

红方先行

问题2：红方的最优选择是？

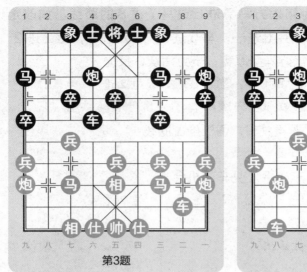

第3题

第4题

问题3：红方大子如何打破黑方的封锁？

问题4：红方正确的运子计划是？

占位

【**学习目标**】掌握子力占位的基本概念与技巧。

移动棋子到有利的位置，叫作"占位"。由于棋子所站的位置和其他棋子有着相互联系、相互影响的关系，棋子的作战效能也因它所占位置的不同而有差异。在占位选择上，通常把主要区域内的两条重要线路的交叉点作为占位的首选；也可根据局面的需要，选择有战略作用的位置进行占位。

知识点1：中位车

如图18-1，红车占据中线和巡河线的交叉点，从进攻上来看，中位车处于攻击黑方九宫最直接的线路上，同时又是防守自己九宫的前沿；并且中位车占据巡河线，同时具有巡河车的功能，是个攻守兼备的位置。

如图18-2，红方先行。

①车四平五

红方平车吃卒，形成捉双之势。

①……   马8进6

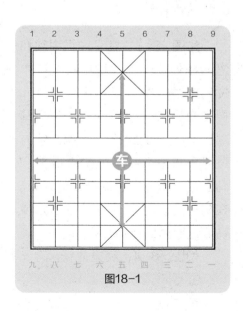

图18-1

②车五退二　马6进8　　③炮七退一

红方多兵占优。

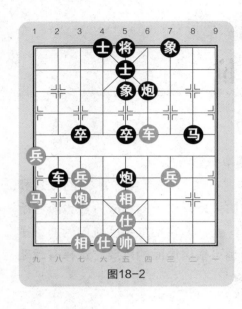

图18-2

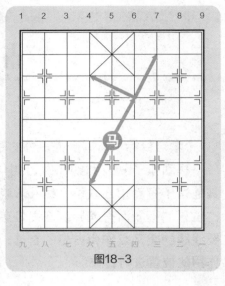

图18-3

知识点2：中位马

如图18-3，红马占据中线和巡河线的交叉点，称中位马。中位马在进攻时可以选择马五进四再马四进三卧槽或马五进四再马四进六挂角的线路。同理，红方还可马五进六再马六进七卧槽和马五进六再马六进四挂角的线路。在防守上，可以通过马五退六或马五退四回到仕角加强防守。

如图18-4，红方先行。

①后马进五

红方进中位马，抢占要点。

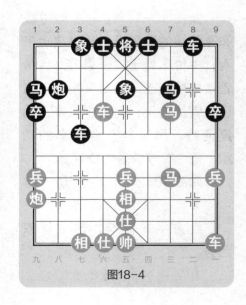

图18-4

① …… 车 3 退 2 ②马五进四

红方伏有车六进二，再马四进三的杀棋。

② …… 车 8 进 1 ③车一平四（红优）

知识点 3：河口马

如图 18-5，河口马处于肋线和巡河线的交叉点，可以充分发挥马的攻击力，同时限制对方抢占要道。六路河口马在进攻时可以控制对方的中卒和 3 卒，同时控制对方 6 路和 2 路线上的两个点位，但以6 路线的控制意义较大，因此多选择控制这一点位。

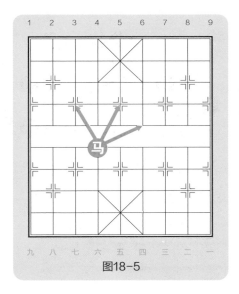

图18-5

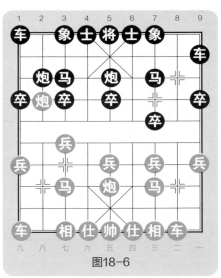

图18-6

如图 18-6，红方先行。双方以中炮进七兵对反宫马进 7 卒布阵，上一回合红方炮八进四以后，黑方炮 6 平 5 意图保留中卒的同时保持局面的复杂性。在此情况下，红方可以选择马七进六跳河口马，强夺中卒。

①马七进六

进马准备强夺中卒，简化局面。

① …… 车 9 平 4 ②马六进五 马 7 进 5

②炮八平五　马3进5　　③炮五进四　士4进5

④车九平八（红方先手）

如图18-7，相尖马处于七路线和巡河线的交叉点，攻守位置极佳。在进攻方面，可以马七进五再马五进四（六）挂角；又可以马七进八再马八进七卧槽或马八进六挂角。防守方面马可以受到中相或边相的保护，不受对方的攻击，又可以退守仕角参与防守。在子力保护方面相尖马可以守护中兵和边兵，同时控制对方中卒或边卒的前进。

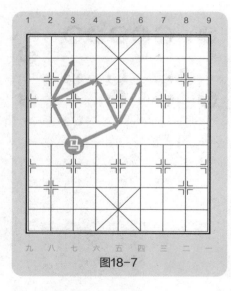

图18-7

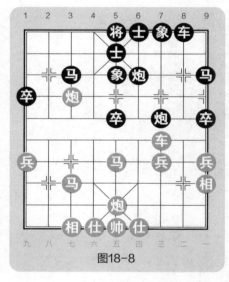

图18-8

如图18-8，红方先行。

①马五进七

红方跳相尖马，捉中卒的同时伏有前马进八再马八进七卧槽的手段。

①……　　炮7退1

黑方退炮，不给红方进马的机会。

②前马进五

红方进中马吃卒叫杀。

②……　　　　炮 7 平 5　　　③马七进六　炮 5 进 5

④仕六进五（红优）

知识点 5：空头炮

如图 18-9，空头炮指中炮直面对方老将，而对方有士碍将，将暂时无法左右闪避，又不能在中间垫子防守。红方此时辅以其他子力，可构成多种多样的攻势，予以致命打击。正如棋谚所言："空头炮、花心卒，凶恶难挡。"

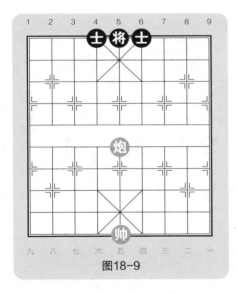

图18-9

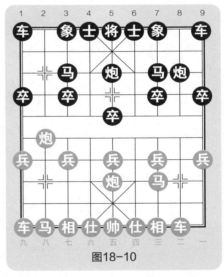

图18-10

如图 18-10，红方先行。

① 车二进七

红方弃车砍炮，引离黑方中炮，为空头炮进攻做准备。

①……　　　　炮 5 平 8　　　② 炮五进三

红方取得空头炮的优势并伏有炮八平五的杀棋。

②……　　　　将 5 进 1　　　③ 车九进一　马 7 退 8

黑方退马准备发挥 8 路炮的防守作用。

④车九平二　车1平2　　⑤炮八平五　将5平4

⑥车二进六（红方胜势）

知识点6：沉底炮

沉底炮是一种常用而凌厉的攻击手段，通常利用沉底炮牵制对方底线上的防守子力，再配合己方其他子力攻击对方底线，形成杀棋或抽吃。

如图18-11，红方先行。

①车二进五　士5退6　　②车二退四

借助沉底炮之利抽吃黑车，红方胜势。

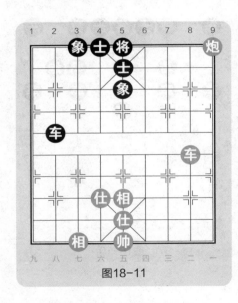

图18-11

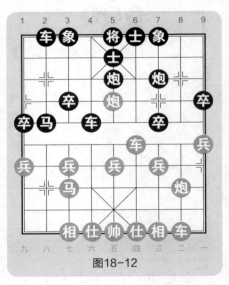

图18-12

如图18-12，红方先行。

①炮二进七

红方进沉底炮，借助肋车形成杀势。

①……　　　　将5平4　　②仕四进五

红方先补仕正着，如车二进八，黑方炮5进4，既保士，又可反击。红方如续走马七进五，则车4进5，帅五进一，马2退3，黑方大优。

②……　　　炮 5 平 6　　　③炮五平三　　炮 7 平 9

④车二进八（红方大优）

知识点 7：过河车、骑河车、巡河车

　　在子力占位的选择上，还有一种战略性占位，即同一子力在同一线上起到不同的作用。其中过河车、骑河车、巡河车的战略占位是较为常见的。如图 18-13，红方进车落子的三个点，由近及远分为是巡河车、骑河车、过河车。

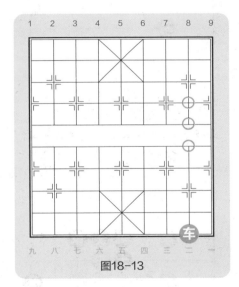

图18-13

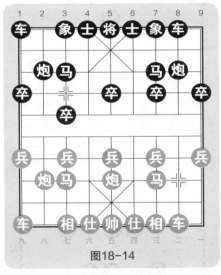

图18-14

　　如图 18-14，红方如果车二进四，可以兑兵活马；车二进五可以控制黑方巡河车，起到控卒禁马的作用；而车二进六则在下一着有车二平三吃卒压马的先手。

课后练习

以下局面均由红方先行，根据问题图，计算出红黑双方3～4回合内的着法，并判明双方的优劣形势。

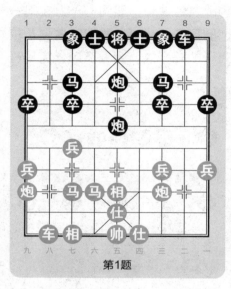

第1题

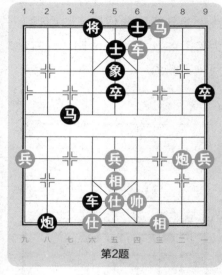

第2题

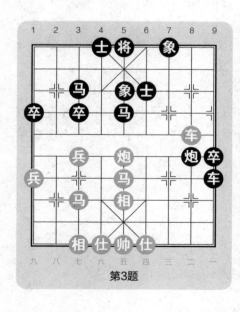

第3题

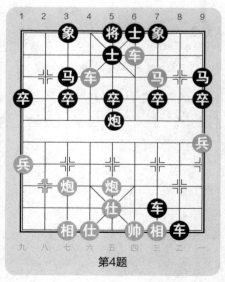

第4题

第 19 天

行棋要领

【学习目标】掌握简单的单子类型的行棋技术和原理，学会认知并运用静态局面下的形势判断。

知识点1：有保护的将帅和没有保护的将帅

如图 19-1，红方先行。

① 兵五进一　卒 4 平 5 　　② 帅五平六　卒 6 进 1

③ 兵五进一　将 4 进 1 　　④ 兵五平四　卒 6 平 5（黑胜）

如图 19-2，红方先行。

① 兵五进一　卒 4 进 1 　　② 帅五平六　卒 6 进 1

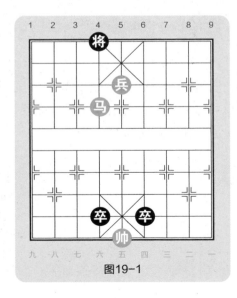

图19-1

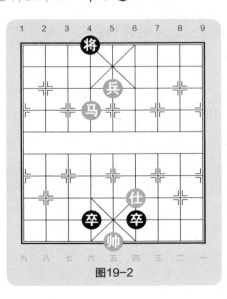

图19-2

③仕四退五　卒6平7　　　④帅六平五（红胜）

说明：

图19-1中红方无仕，红帅得不到保护，黑方双卒可抢先成杀；图19-2中，红帅有仕的保护，黑方双卒无法成杀。红方最终获胜。

结论：有保护的将帅比没有保护的将帅更安全。

知识点2：保护充分的将帅和保护不充分的将帅

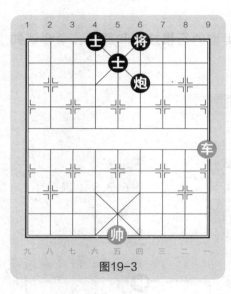
图19-3

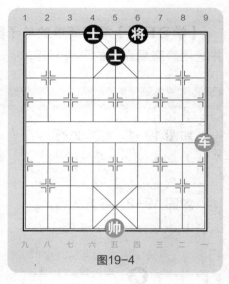
图19-4

说明：

图19-3中黑方有炮，黑将得到充分保护，红方单车无法取胜；图19-4中，黑方虽有双士保护，但是保护不够充分，红方单车可以取胜。

结论：得到充分保护的将帅比保护不充分的将帅更安全。

知识点3：帅将的位置与安全程度

如图19-5，红方先行。

①帅五进一　将6进1　　　②帅五平六　士4进5

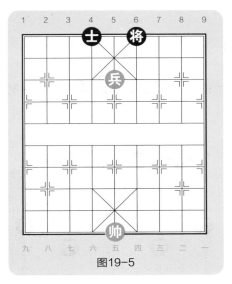

图19-5

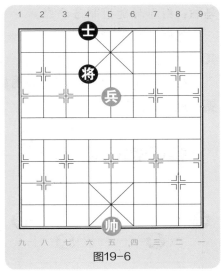

图19-6

③帅六平五　士5退4（和棋）

如图 19-6，红方先行。

①兵五进一　将4退1　　②帅五进一　士4进5

③兵五进一　将4进1　　④帅五退一（红胜）

说明：

图 19-5 中黑方将在底线，士能给予充分的保护，和棋。而图 19-6 中黑将在宫顶线，虽然同样有士，但是不能起到保护作用，红方取胜。

结论：通常情况下，底线的将帅要比宫顶线上的将帅更安全一些。

知识点 4：保持车的道路通畅

如图 19-7，红方用哪个子吃马更好？

如图 19-8，红方车二平三吃

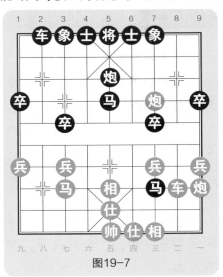

图19-7

马后，红车只能控制 3 个点。

如图 19-9，红方炮一平三吃马是正确选择，这样红车可以控制 10 个点。

结论：道路通畅的车比周围拥堵的车好，要尽量让车处在能控制更多点位的位置。

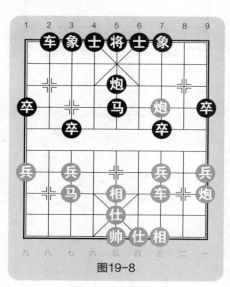

图19-8

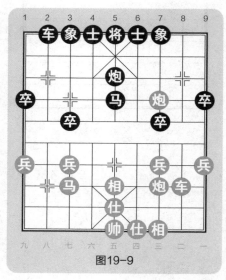

图19-9

知识点 5：通头车与低头车

如图 19-10，红方先行。

红方有两种选择，分别是车八平七或车八退六。

如图 19-11，红方选择车八平七。

① ……　　　卒 4 进 1

② 马六进八　炮 3 进 1

红方马八进九，则炮 3 平 7 叫杀得子。因此，红方失子，黑方大优。

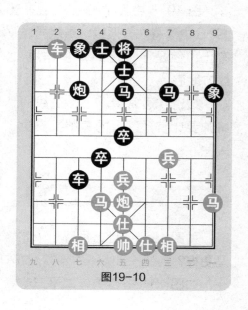

图19-10

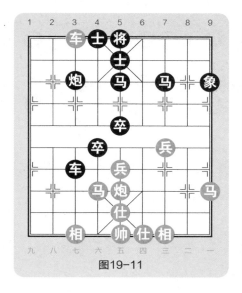

图19-11

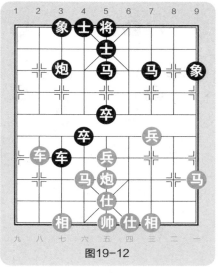

图19-12

如图 19-12，红方选择车八退六。

① …… 车 3 退 2 　② 相七进九　车 3 平 4

③ 马一进二

退车邀兑是红方必走之着，这是红方的防守要点。黑方退车保持对要道的控制，以后车 3 平 4 配合 4 路卒形成攻势。这样演变虽然仍是黑优，但是红方足可抵抗。

结论：除非是有攻防的特殊需要，否则尽量选择通头车（位于灵活通道上的车，走动一着可立即发挥攻防作用），而不是低头车（处于呆滞境地的车，至少要走动两步才能发挥攻防作用）。

知识点 6：马路通畅与马路壅塞

马虽然控制的点位较多，最多可以同时控制 8 个位置，但同时马也是受其他子力影响最大的子，特别是在有其他子力塞马腿的时候。判断马的位置好坏时，一定要把马的行棋路线上是否会遇到障碍这一因素考虑进去，也就是棋谚讲的"走马多算一着棋"。

如图 19-13，红方先行。

红方有两种选择，分别是马七进六或马四进六。

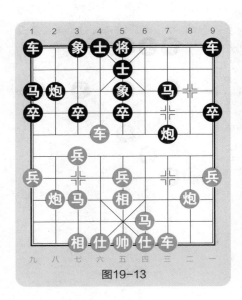

图19-13

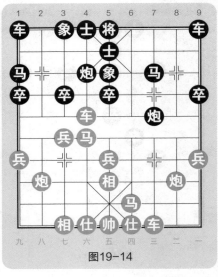

图19-14

如图 19-14，红方选择马七进六。

| ①…… | 炮2平4 | ②马六退四 | 炮7平6 |

③马四进二　炮6退3

红方攻击受阻。

如图 19-15，红方选择马四进六。

①……　车9平8

②炮二平四　炮2平4

③马六进五

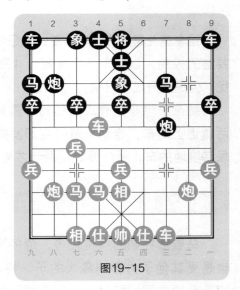

图19-15

依靠红方骑河车的掩护，红方进中马伏有马五进三的先手。

结论：行棋后下一着的移动不受其他子力影响的马是好马，反之是坏马。

知识点 7：炮控制点位数量的多少

炮作为远程攻击的子力，最重要的作用不是冲锋陷阵去一味追求

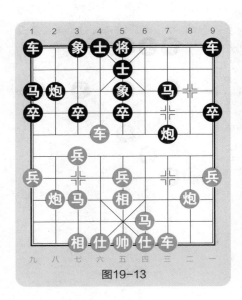

吃子而是控制，特别是中炮和底炮的控制作用。

　　如图 19-16，红方先行。

　　红方有两种选择，分别是炮三平九或炮五进四。

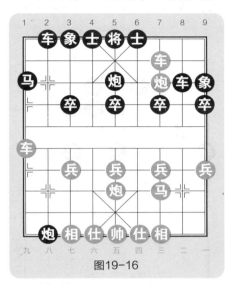

图19-16

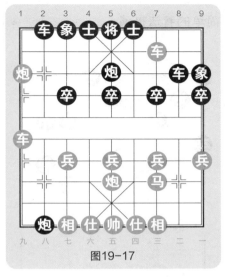

图19-17

　　如图 19-17，红方选择炮三平九。

① ……	象 3 进 1	② 炮五进四	士 4 进 5
③ 车九进三	将 5 平 4	④ 车九退五	炮 2 退 2
⑤ 车九进二	炮 2 退 2		

　　红方仍有攻势，但明显受阻。

　　如图 19-18，红方选择炮五进四。

① ……　　　　士 4 进 5

② 车九平六　　车 2 进 4

③ 相三进五　　车 2 平 5

④ 炮三平九　　象 3 进 1

⑤ 车三退二（红方大优）

　　结论：炮勿轻发，要充分发挥其控制作用。

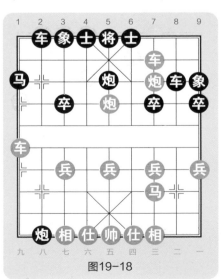

图19-18

课后练习

以下局面均由红方先行，准确找到红方最合理的第一手棋并做出简单的着法推演。

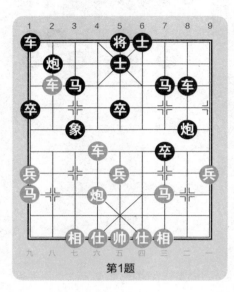

第1题

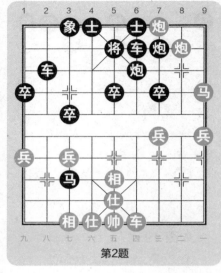

第2题

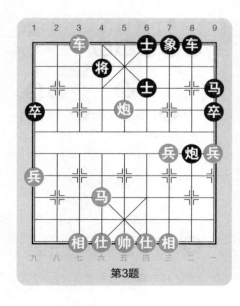

第3题

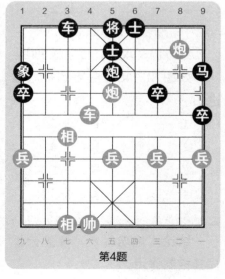

第4题

第 20 天

简单中局的战术（一）

【学习目标】掌握捉双、串打、闪击、闪将、吸引、引离、抽将等战术的运用。

知识点 1：捉双战术

一子同时捉住对方两子，对方只能逃掉其中一子，另一子只能被吃。利用捉双战术可以实现得子的目的。常见捉双形式有车的捉双、马的捉双、炮的捉双、兵（卒）的捉双。帅（将）、仕（士）、相（象）也能捉双，但此类捉双并不常见。可以说，捉双战术是象棋得子战术中最常见的形式。

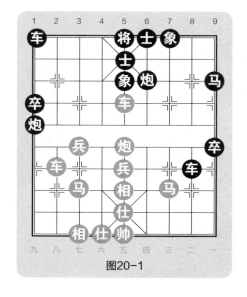

图20-1

如图 20-1，红方先行。

① 车五平九

红方借杀运子捉双。

① ……　　　　车 1 平 4

黑方如改走车 1 进 3，则车八进六，绝杀。

② 车九退一（红方得子）

知识点2：串打战术

串打亦是象棋对局中较为常见的一种战术，一般在开局、中局阶段出现比较多，残局阶段则出现相对较少。串打战术是只有用炮才能实施的战术，其他子力无法实现串打。

如图20-2，红方先行。

① 炮二平四

红方平炮借叫将谋得串打的位置。

① ……   将6平5   ② 炮四退一（红方必得一子）

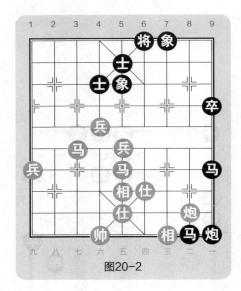

图20-2

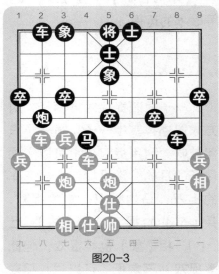

图20-3

知识点3：闪击战术

闪开移动的棋子露出后面的棋子来进行攻击的战术叫闪击战术。

如图20-3，红方先行。

① 兵七进一

红方弃兵以后，实施闪击战术，其意图是实施双车捉马。黑方马、炮均在虎口，必丢其一，红方得子后大优！

① ……   卒3进1   ② 车六进一   车8退2（黑方丢子）

知识点4：闪将战术

闪开移动的棋子露出后面的棋子来攻击对方将（帅）的战术叫闪将战术。

如图20-4，红方先行。

①炮三平六　炮1平4　　②兵六平七

红方平兵闪将，为后续子力做杀做准备。

②……　　炮4进3　　③车二平六（红胜）

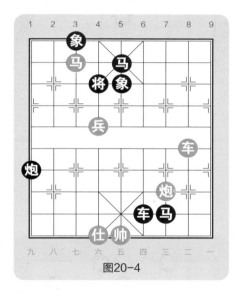

图20-4

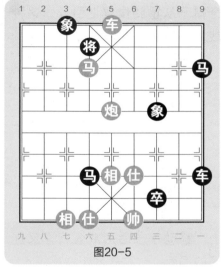

图20-5

知识点5：吸引战术

吸引战术又称引入战术。用弃子手段把对方某个棋子从重要位置上引到攻击处，这种战术就叫吸引战术。

如图20-5，红方先行。

①车五平六

红方平车是典型的吸引战术，目的是迫使黑将走到中路，为马炮的后续攻击做准备。

①……　　　　将 4 平 5

黑方如将 4 退 1，则炮五平六，绝杀。

② 马六退四　　将 5 平 6

黑方如将 5 进 1，则车六平五，将 5 平 6，炮五平四，绝杀。

③ 炮五平四（红胜）

知识点 6：引离战术

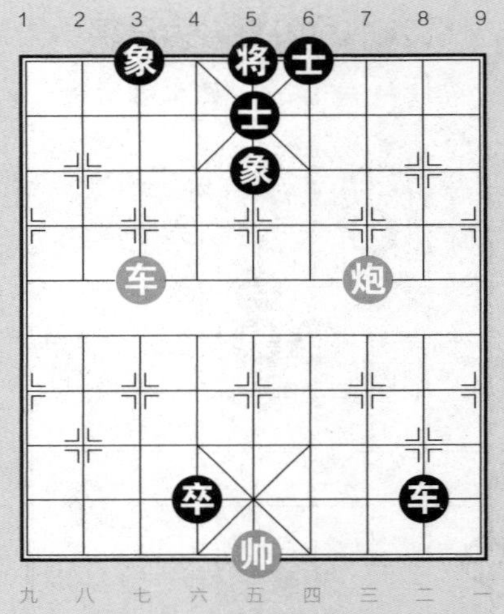

用弃子或兑子手段把对方某个棋子从重要位置上引开，这种战术叫引离战术。

如图 20-6，红方先行。

① 炮三进四

红方弃炮引离黑方中象。

①……　　　　象 5 退 7

② 车七进四（红胜）

知识点 7：抽将战术

移动一子后形成既将军又捉子的局面，这种战术叫抽将战术。

如图 20-7，红方先行。

① 车二进二

红方进车吃马，准备利用抽吃战术先弃后取。

①……　　　　车 8 进 2

② 马四进三　　将 5 平 4

③ 马三退二

红方借抽将战术白得一马，胜定。

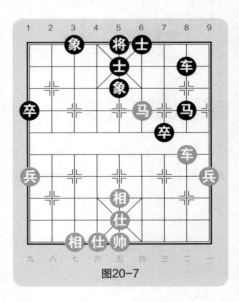

图20-6

图20-7

以下各题均由红方先行，利用学过的战术，找出红方扩大优势的下法。

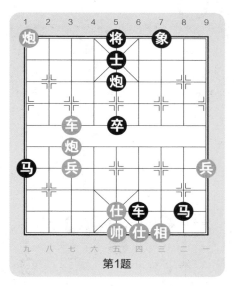

第1题

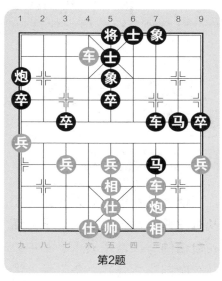

第2题

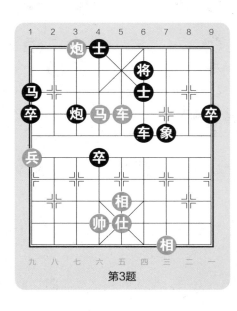

第3题

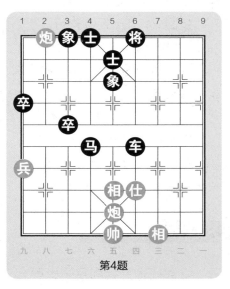

第4题

简单中局的战术（二）

【学习目标】掌握牵制、拦截、堵塞、封锁、顿挫、迂回、借力等战术的运用。

牵制战术是使对方子力不能及时发挥作用，限制对方子力活动自由的一种常用战术。其中以一车牵制对方处在一条直线上的车马或车炮的形式最为常见。

如图21-1，红方先行。

①马一进三

红方进马交换，为实施牵制战术做准备。

① ……　　　炮7进4

②车四退一

红方退车实施牵制战术，下一步车四平三得子，红方大优。

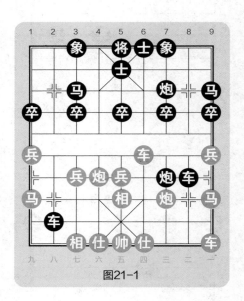

图21-1

拦截战术是指利用子力配合切断对方子力之间的联络或者阻拦对

方子力的进攻路线的战术。

如图 21-2，红方先行。

① 炮二平三　　车 7 平 8

② 炮三平二

红方用炮拦截黑车，不给黑车做杀的机会。

② ……　　　　车 8 进 1

③ 车一进七

红方利用"一将一闲"的方式谋和。

③ ……　　　　将 6 进 1

④ 车一退七（和棋）

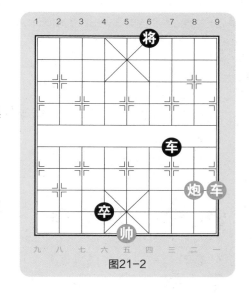

图21-2

知识点 3：堵塞战术

堵塞战术是指采取运子、弃子等手段以阻塞的形式破坏对方子力之间联络，切断对方子力的行棋路线的战术。

如图 21-3，红方先行。

① 车九平八

红方平车运用堵塞战术，伏兵九进一捉死马！

① ……　　　　炮 4 平 1

② 炮七平八

红方吃死黑马，得子大优！

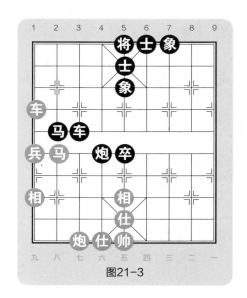

图21-3

知识点 4：封锁战术

封锁战术是用己方子力封锁棋盘上的某条线路，使对方子力被压制在比较小的活动范围里无法出击，从而限制对方子力发挥作用的战术。

如图 21-4，红方先行。

①兵七进一　　卒 7 进 1

黑方进卒活通己方马路，封锁红方三路马。

②车一平二　　炮 8 进 4

红方右翼子力被封锁。

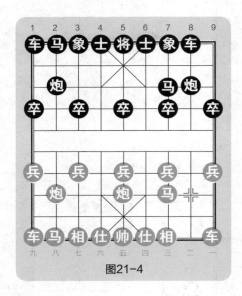

图21-4

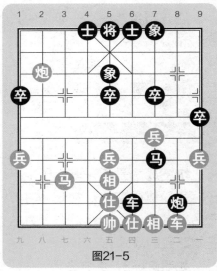

图21-5

知识点 5：顿挫战术

顿挫战术是指采取照将、捉、吃、威胁等强制着法，迫使对方必须走特定的被动应着，从而为自己赢得先手的战术。

如图 21-5，红方先行。

①炮八退六

巧妙的顿挫！此着红方如直接炮八退四打马，黑方可以马 7 进 5 吃中相，抢先发动进攻。

①……　　　　车 6 退 4　　　②炮八进二（红方得子）

知识点6：迂回战术

迂回战术是指在进攻不易得手的情况下，有意识地组织子力转向对方防守薄弱的一侧，进行攻杀或捉子的战术。

如图21-6，红方先行。

①车四平六

红车通过照将，右车左移迂回到黑方肋线。

①……　　　将4平5

②车六进一

红方进车拦截破防！伏马二进四杀！

②……　　　炮8平4

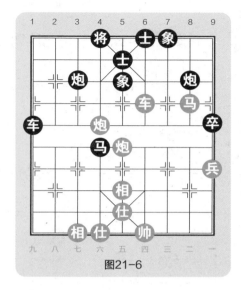

图21-6

③马二进三（红胜）

知识点7：借力战术

借力战术是指借用己方某个子力的力量作掩护或助力，运用其他子力展开攻杀的战术。表现形式有借炮使马、借炮使车、借车使马、借车使炮、借炮使兵等。

如图21-7，红方先行。

①炮二进四　将4进1

②炮六平三

这是典型的借车使炮战术，利用红车的将军先手把炮调运到拦截黑车回防的位置。

②……　　　将4平5

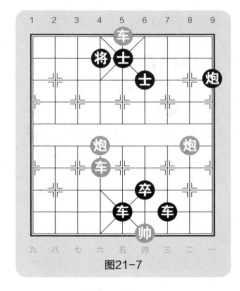

图21-7

③炮二退一（红胜）

课后练习

根据以下棋图形势，作出计算并回答问题。

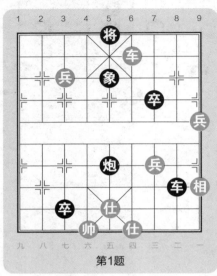

第1题

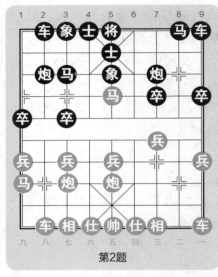

第2题

第1题：红方如何对黑车实施拦截，不让黑车转移到右翼？

第2题：红方如何利用牵制战术得子？

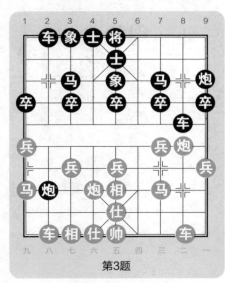

第3题

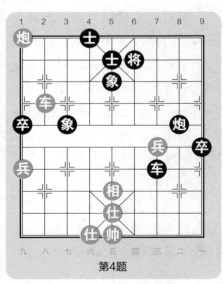

第4题

第3题：红方如何得子？

第4题：红方如何得子？

第 22 天
象棋中局常用手段

【学习目标】了解简单的中局战术手段的基本原理及中局应用，初步掌握兑子、弃子、运子、破坏四个常用战术手段在对局中的运用思路。

知识点 1：兑子手段的运用

通过子力交换达到争先、取势、入局、成杀或谋子目的的手段，叫"兑子战术"。它在实战对局里，是最常用的一种基本战术，不论在开局、中局或残局阶段都能广泛运用。

【例局 1】兑子解攻

如图 22-1，红方先行。黑方车、炮、卒三子归边形成攻势，红方在此情况可以利用兑子战术，化解危机。

①车二退六

红方封锁二路线，准备借捉双，强行兑车！

①……　　　　　将 6 平 5

②车二平一

红方平车捉双，着法紧凑！

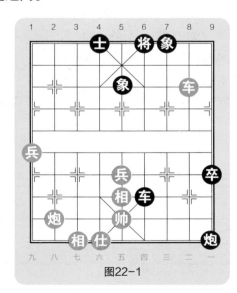

图22-1

②……　　　　车6平9　　③车一进一　卒9进1

④炮八进一　卒9进1　　⑤炮八退一

黑卒被捉死，红优。

【例局2】兑子谋和

如图22-2，红方先行。红方无相无兵，处境艰难，谋和是当务之急。

①马六进四　将5进1

②炮二进二

红方进炮是兑子求和的好棋。

②……　　　　炮4进5

③马四退二

回马金枪，借杀捉卒，和棋。

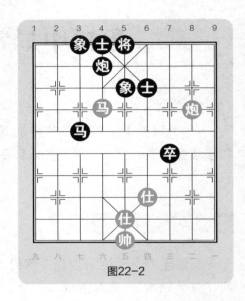

图22-2

【例局3】兑子得子

如图22-3，红方先行。

①车五平六　车4退2

黑方如车4平7避兑，则马四进六，将5平4，马六退五，士5进4，车六进二再马五进四，红方连将杀。

②马四退六

兑子后红方捉双，必得一子。

②……　　　　卒6平5

③马六进七（红方得子大优）

小结：兑子的作用主要有四种，一是排除障碍（如兑去马前卒来活马或通车路）；二是在子力对比上占得便宜（如以马换对方马＋象，以炮换对方炮＋卒）；三

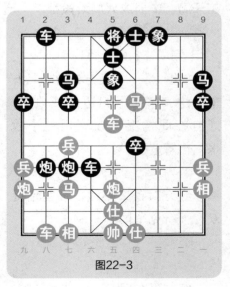

图22-3

是取得有利形势（如占先、做杀）；四是削弱对方的攻势。在进行兑子时，要考虑到兑子后的得失。在某些情况下，可以避兑或待兑（等着对方来兑），但是应兑而避兑的往往会失去先手。

知识点2：弃子手段的运用

以弃子为手段，牺牲一些子力，把子力转化为"先手""攻势""杀势"或特殊的"对抗形势"，以达到争先、取势、入局、攻杀或谋和等目的，这种战术手段叫"弃子战术"。

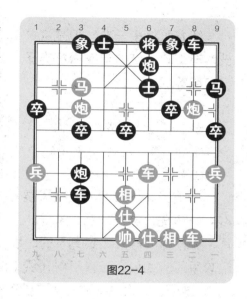

图22-4

【例局1】弃子攻杀

如图22-4，红方先行。

① 车四平七

红方弃车砍炮，为马炮成杀做准备。

① ……　　　车3退1

② 炮七进三　士4进5

③ 马七进六（红胜）

【例局2】弃子取势

如图22-5，红方先行。

① 车六进一

红方弃车杀士，是典型的弃子取势手段。

① ……　　　士5退4

② 车三平五

这是红方弃车的后续手段。

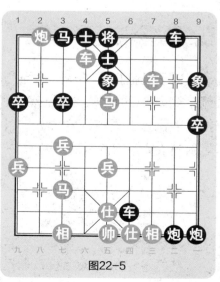

图22-5

② ……　　　　将 5 平 6　　　③ 马五进三　　将 6 进 1

④ 马三进二　　象 9 退 7　　　⑤ 车五平三（红方占优）

【例局 3】弃子谋和

如图 22-6，红方先行。

① 车二退八

红方虽然多一车，但是红帅被黑卒围攻。红方退车做好弃子谋和准备。

① ……　　　　卒 6 平 5

② 车二平五　　卒 5 进 1

③ 帅六平五　　卒 7 平 6

④ 帅五平六（和棋）

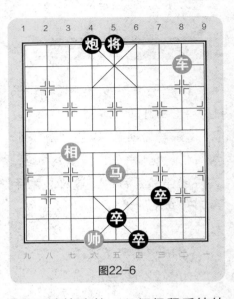

图22-6

小结：弃子战术的目的主要有弃子争先、弃子取势、弃子入局、弃子谋和等。决定弃子的时候一定要计算清楚，必须保留后续的进攻手段。如果弃子得不到补偿（换取不到攻势或取得谋和战术的目的），弃子就是白白送吃，这是没有价值的。

知识点 3：运子手段的运用

运子是指把棋子从一个地方调运到其他的地方。通过运子，把子力调运至更有利的位置，以达到进攻或防守的目的。

【例局 1】薄弱方向

如图 22-7，红方先行。

① 炮四进六

红方进炮借捉象之机，调运

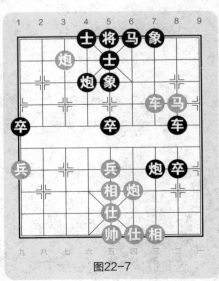

图22-7

子力。

①……　　　　象 7 进 9　　②炮四平一

红方连续运炮，把子力调动到黑方防守薄弱的左翼底线。

②……　　　　车 8 平 6　　③炮一进一　象 9 退 7

④车三进三（红方大优）

【例局 2】运子谋子

如图 22-8，红方先行。

①兵三进一

红方冲三兵构思精巧，通过暴露黑方底线的弱点，实现谋子的目标。

①……　　　　卒 7 进 1

②马六进八

红方献马打车，谋子的巧着。

②……　　　　炮 4 平 2

黑方如车 2 进 3 吃马，则炮八平三做杀，黑车丢子。

③马八进六　士 5 进 4

④炮八进四　象 3 进 1　　⑤车八进三（红方得子大优）

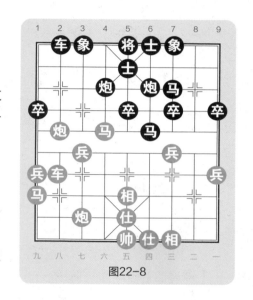

图22-8

知识点 4：破坏手段的运用

破坏手段是指一方通过破坏对方阵形结构（破去士象）或者利用弃子、兑子战术打破对方的防守阵形的一种战术。

【例局 1】制造士象防守弱点

如图 22-9，红方先行。

①马三进二　车 5 进 2

黑方吃相同样是破坏战术，但是棋慢一着，被红方抢得先机。

② 车四进三

红方弃车砍士破坏黑方防守阵形结构，为后续马炮兵连杀做准备。

② ……　　　　士5退6　　　③炮三进一　将4进1

④马二进四（红胜）

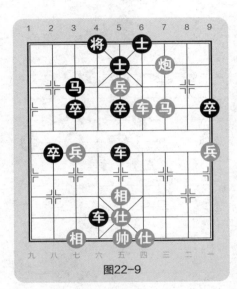

图22-9

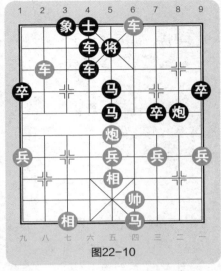

图22-10

【例局2】破坏防守阵形

如图22-10，红方先行。黑方多子且霸王车防守严密，红方要如何进攻才能得失子？

①车四退二

黑方双车一线形成霸王车坚固的防守阵线，红方退车意在破士。

① ……　　　　车4平6

黑方如改走将5退1，则车四进二，将5进1，车四退三，将5退1，车四平五，士4进5，车五平二，红方胜势。

②车八平四　车4进5　　　③车四进一　将5退1

④炮五进二

红方得回失子，双方对攻。

课后练习

根据棋图和棋图下方的问题，作出计算。

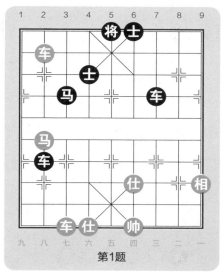

第1题

问题：红方如何扩大先手？

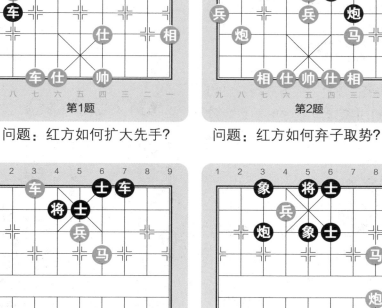

第2题

问题：红方如何弃子取势？

第3题

问题：红方如何弃子成杀？

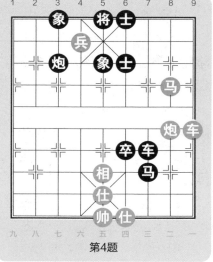

第4题

问题：红方如何运子成杀？

第23天

中局实战分析

【学习目标】学习象棋大师的中局构思，结合中局战术和常用手段对局面进行分析和计算。

【例局1】弃兵跃马

如图23-1，红方先行。红方充分利用黑方阵形中的弱点，施展弃兵跃马抢攻的战术，步步紧逼，取得优势。

①兵三进一

红方弃三兵腾出马路，好棋。除此之外，还有两种攻法其结果都不太理想。

一种：车八平七，炮2进5！炮二平八，车2进7，车七进一，卒7进1，兵三进一，车7进4，黑方少子但有攻势，红方不利。

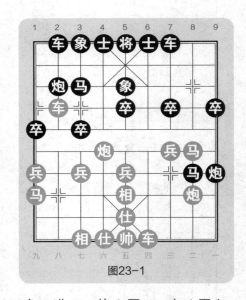

图23-1

另一种：炮六退一，马8进6，车四进二，炮9平4，车八平七，炮2进5，仕五进六，车2进2，黑方足可抗衡。

①……　　　　卒7进1　　　②马二进四　炮2平1

黑方兑车明智，不能让红方抢到马四进六捉炮的先手。

③车八平七 车2进2　　④马四进六 车7进1

黑方只能进车防守，唯一的解着。

⑤炮六退一

红方退炮串打，主要目的是利用黑方底线的弱点，进一步发挥二路炮的攻击作用。

⑤……　　　　马8进6　　⑥车四进二 炮9平4

⑦车七退一（红方先手）

【例局2】三车闹仕

如图23-2，黑方先行。黑方抓住红方中路的弱点，"三车闹仕"锁定胜局。

①……　　　　卒5进1

黑方进卒直扑中路，形成三车闹仕杀势的基本型。

②车九平六 车2进2

③仕五进四 炮1进3

黑方进炮继续叫杀，准备下一着卒5进1再炮1平5绝杀。

④相一进三 卒5平6

⑤车七进三 车6进1

黑方进车杀仕，一举锁定胜局。

⑥帅五平四 卒6进1　　⑦帅四平五 车2平5（绝杀）

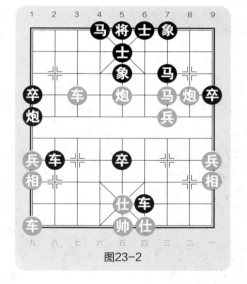

图23-2

【例局3】妙手得子

如图23-3，黑方先行。

①……　　　　象5进7

黑方不逃车反而扬象打车，准确抓住局面的要点。

②车三进一

红方如走马四进三，则车6进2，炮四平七，车3平5，相三进五，车6平7，黑方得子。

②……　　　　车6进4

③相七退五　炮7平5

④车三平六　炮5进4

黑方炮击中兵，打在红方的痛处，红方认负。

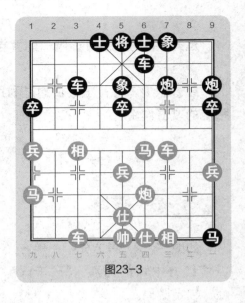

图23-3

【例局4】车炮逞威

如图23-4，黑方先行。

①……　　　　车7进4

②帅四退一　车7进1

③帅四进一　炮4进6

黑方利用顿挫战术，把红帅引到下二路线，便于4路炮的攻击。

④仕五进六

红方如帅四进一，则炮9退2，马二退一，车7退2杀。

④……　　　　车7退1

⑤帅四退一　车7平8

⑥马二退四

红方不能支仕，否则车8进1，相五退三，车8平7杀。

⑥……　　　　卒5进1

黑方冲中卒意在把红方驱离防守要点。

⑦炮二进二　卒5平6　　⑧炮二平一　炮9退4

⑨兵一进一　车8退2

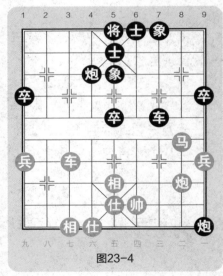

图23-4

捉死红马，黑方多子胜势。

【例局 5】变换方向

如图 23-5，红方先行。

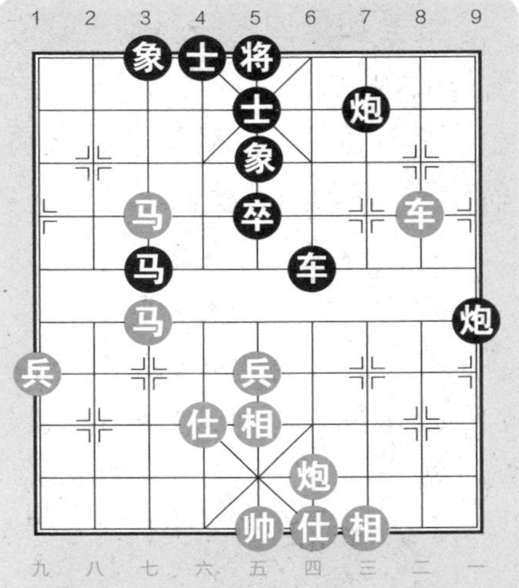

① 炮四平八

红方调转炮口转攻八路，意图沉底炮配合前马破象，大局观甚佳。

① ……　　　炮 9 平 4

② 车二进三　士 5 退 6

黑方如车 6 退 4 兑车，则车二退五，炮 4 退 3，炮八进七，红方有攻势。

③ 炮八进八　将 5 进 1

④ 车二退五　炮 4 退 3

⑤ 车二平六　炮 7 进 1　　⑥ 炮八平六

红方炮打底士简明，破坏黑方的防守阵形。

⑥ ……　　　马 3 退 1　　⑦ 炮六退一　马 1 退 3

⑧ 炮六平八　车 6 平 2　　⑨ 炮八退二　炮 4 退 2

⑩ 炮八平五

红方炮打中卒，优势进一步扩大，形成胜势。

⑩ ……　　　马 3 进 5　　⑪ 车六进五

得回失子，红方大优。

图23-5

【例局 6】巧用顿挫

如图 23-6，黑方先行。

① ……　　　车 7 退 6　　② 炮七平四　车 7 平 8

黑方平车捉车巧用顿挫战术，把红车赶到边路暗处，进一步扩大

象棋自学一月通

自己的优势。

③车二平一　　车8平3

④相七进五　　车3平6

⑤炮四进一

　　红方如炮四退一，则车6进3，马六退八，马4进5，马八进七，马5进4，以后马4进3再车6平4，黑方大优。

⑤……　　　　车6平5

⑥炮四进四　　炮7平6

⑦马六退四　　车5进4

⑧车一平二　　马4进5

⑨炮四平一　　马5进6

黑方连续进马，伏有马6进4再马4进2的先手，黑方大优。

图23-6

课后练习

　　根据着法和结果提示，在横线上补全着法。

①_____　　象3进5

②帅五平四　　车3平5

③_____　　车8平7

④_____　　士5进4

⑤_____　　将5平4

⑥_____　　将4进1

⑦_____　　士4退5

⑧_____　　（红胜）

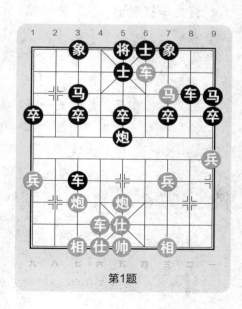
第1题

① _____　　炮 4 退 1
② _____　　士 6 进 5
③ _____　　将 4 平 5
④ _____　　将 5 平 6
⑤ _____　　炮 6 进 7
⑥ _____　　士 5 进 6
⑦ _____　　（红胜）

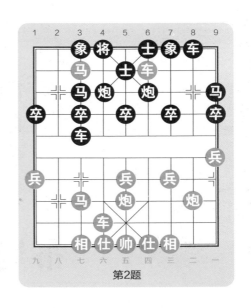

第2题

① _____　　将 4 平 5
② _____　　士 5 退 4
③ _____　　士 4 进 5
④ _____　　炮 4 进 3
⑤ _____　　车 8 退 7
⑥ _____　　车 8 平 4
⑦ _____　　炮 4 退 3
⑧兵七进一（红方大优）

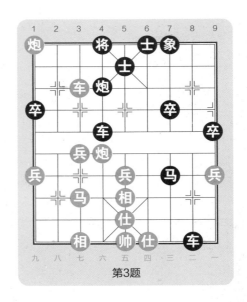

第3题

第五单元

布局篇

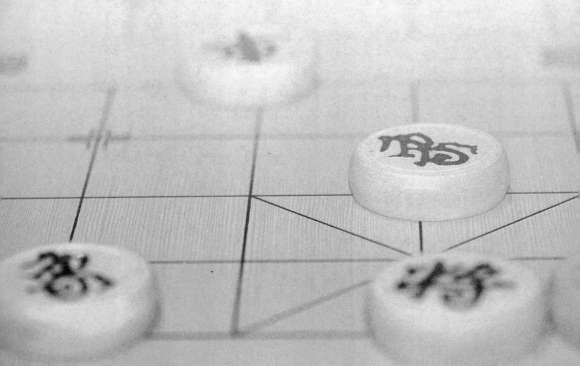

顺炮与列炮布局定式解析

【**学习目标**】学习顺炮直车对横车、顺炮直车对缓开车、顺炮横车对直车、小列手炮及中炮对左炮封车转列手炮的布局定式及要点。

知识点 1：顺炮直车对横车

① 炮二平五

红方开局走中炮，是战略上采取进攻姿态的一种积极主动的布局。这种布局可以演化成急攻型布局，也可以演化成缓攻型布局。

①……　　　　炮 8 平 5

红方摆中炮进攻，黑方用中炮还击，双方移动的炮是同侧的，所以称"顺手炮"，简称"顺炮"。按《金鹏十八变》的《适情雅趣》和《桔中秘》等古谱推算，顺炮布局已有数百年的历史，至今沿用，并有很大发展。

这种体系的布局，先手方攻杀锐利，后手方反击力强，双方针锋相对，堪称"白刃战"。它常为喜好打硬仗的棋手所运用，往往在紧要关头，一决胜负。

② 马二进三　马 8 进 7

双方各跳一步正马（马 8 进 9 或马二进一，马跳到边线上称为边马），守护中兵（卒）的同时，为下一步开通车路做准备。

③ 车一平二

红方这种平二路车的走法称为直车。直车的特点是稳健而不惧战。

③……　　　　车 9 进 1

黑方车9进1以后车在下二路横线上运动，称之为"横车"。横车的特点是灵活且凶悍，以后可以选择车9平4、车9平3、车9平6等位置，黑车灵活多变。

④马八进七

红方跳正马，加强对中心区域的控制，是对马八进九、车二进六等老式着法的突破性改进。

④……　　　　车9平4　　　⑤兵三进一

红方挺三兵与左正马互相呼应，是胡荣华经过精心研究，在1966年全国赛首先演绎出的着法，并取得了良好的效果，从而为顺炮布局开拓了新的发展方向，至今已形成了变化纷繁的攻防体系。

⑤……　　　　马2进3

曾流行过车4进5着法，以下如马三进四，车4退1（若车4平3，则马七退五，车3平5，马四进六，车5退2，马六进五，象3进5，车二进六，红方先手），马四进五，马7进5，炮五进四，士4进5，相七进五，卒9进1，仕六进五，红方稳中持先。

⑥兵七进一

红方进三、七兵俗称"两头蛇"，这类上正马的变化相当激烈复杂，实战证实对攻性强，是棋手喜用的流行布局。

⑥……　　　　车1进1

如图24-1，双方演成"两头蛇对双横车"的标准定式，此后不论红方走巡河炮（炮八进二）、进右马（马三进四）、补左仕（仕六进五）、飞边相（相七进九），黑方都有可能选择车1平3"马后藏车"以求一搏。其中变化饶有风趣，攻杀精彩纷呈，是双方都可以接受的布局。

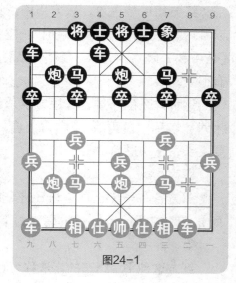

图24-1

【延伸学习】红方仕六进五变例

⑦仕六进五

如图24-2，红方补仕可增厚中路防御力量，是最为稳重的下法。

⑦……　　　车1平3

黑车藏于马后似呆笨实则是一路复杂多变的着法，以后伺机兑3路卒亮出车路。

⑧车二进五

红方进车骑河是控制局势的紧要之着。

⑧……　　　卒7进1

黑方弃卒引离红车，由此展开反击。

⑨车二平三　炮5退1

这是黑方弃卒的后续手段。

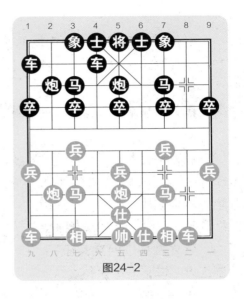

图24-2

⑩车三平八

红方邀兑黑炮，稳健。

⑩……　　　炮2进5　　　⑪车八退三

红方如炮五平八交换，红车在险地，黑方可以走卒3进1，从容展开反攻，红方不利。

⑪……　　　炮5平7（双方对峙）

知识点2：顺炮直车对缓开车

①炮二平五　炮8平5　　　②马二进三　马8进7

③车一平二　卒7进1

黑方先进7卒舒展左马的进路，即形成"顺炮直车对缓开车"的布局。这一阵式最早出现于1973年"上海、哈尔滨、沈阳三市象棋邀请赛"上，为辽宁棋手所创。黑方缓开车具有以逸待劳、灵巧多变的战术特点。

④马八进七

红方跳正马强化中心区域的控制力，是现代布局发展的大趋势，在斗炮局中这一点显得尤为重要。

④…… 　　马2进3

黑方同样跳正马应着，针锋相对，颇具弹性。

⑤兵七进一

红方进七兵是常见的下法，如改走车二进四，黑方可顺势车9平8邀兑，以下红方如车二平七，黑方有象3进1或炮2退1两种选择，均可从容应战。

⑤…… 　　炮2进4

黑方右炮过河窥兵压马，牵制红方右车，一举两得。

⑥马七进八

红方进外马，含有封黑方右车之意。这是一种稳步缓攻的着法，也是目前十分流行的布局战术。

⑥…… 　　车9进1

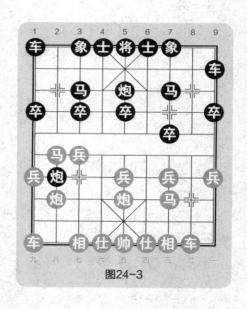

图24-3

如图24-3，红方进外马意在封车，黑方针锋相对起左横车增强右翼攻击力量。布局至此，红方有车九进一、车二进四、炮八平七三种变化，双方对攻激烈。

【延伸学习】红方车九进一变例

⑦车九进一

如图24-4，红方进车以后准备车九平七开辟左车的进攻路线。

⑦…… 　　车9平4　　⑧仕四进五

红方补仕巩固阵地，防止黑车捉炮骚扰，是发动攻势前的准备，也是稳健的走法。

⑧ ……　　　炮 2 平 7

⑨ 车九平七　炮 5 退 1

黑方退炮可防止红方七路线的突破，是较为理智的选择。

⑩ 兵五进一

红方冲中兵主要牵制中炮，给七路车谋出路。如走兵七进一，卒 3 进 1，车七进四，车 4 进 1，接下来伏炮 5 平 3，黑方好走。

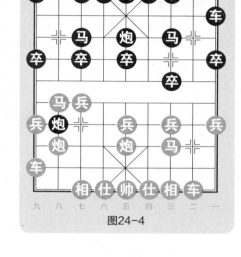

图24-4

⑩ ……　　　车 4 进 5

黑方进车兵林线，不给红方左车开出的机会。

⑪ 车二进三

红方进车牵制黑方车炮，稳健。

⑪ ……　　　车 4 平 2　　　⑫ 马八进七　卒 7 进 1

⑬ 炮八平六　车 1 平 2

双方大体均势。

知识点 3：顺炮横车对直车

① 炮二平五　炮 8 平 5　　　② 马二进三　马 8 进 7

③ 车一进一

红方在顺炮之中，先手横车攻法比较灵活。所以，一般先手都愿意抢出横车。

③ ……　　　车 9 平 8

黑方出直车完全可以与横车相抗衡。

④ 马八进七

黑方阵地右翼子力还没有出动，红方横车暂时还没有明确的攻击

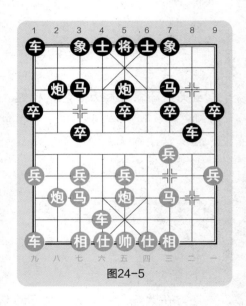

目标和攻击方向。因此这时红方如车一平六，意义不大。不如把这步棋"让"给其他强子，正常出动，保持出子效率。而这着马八进七，正是红方此刻效率最高的一步棋。红方因为这一步马八进七，整个阵形瞬间协调了不少！双马、双炮和双车都保持着密切的联系，能够彼此协同作战了。

④······　　　车 8 进 4

黑方采取巡河车应法，攻守两利，便于照顾支援右翼，形成稳健的防御体系。

⑤车一平六　　马 2 进 3

黑方巡河车跳右马，是经过改革的后手顺炮直车棋形，对付中炮横车有一定的效果。

⑥兵三进一

红方挺三兵准备利用左肋车带动右马跃出。

⑥······　　　卒 3 进 1

如图24-5，双方互进三兵（卒），工稳之着。黑方如改走炮2平1，则车九平八，车1平2，炮八进四，士6进5，马三进四，车8平6，马四进六，车2进2，兵七进一，红方占据空间优势。以下红方有车六进五、车九进一、炮八平九等多种下法，双方对攻激烈。

图24-5

【延伸学习】红方车六进五变例

⑦车六进五　　象 3 进 1

如图24-6，黑方扬边象留出象位车的位置保马，是常见的着法。

⑧车九进一

红方起横车加强进攻力量。

⑧ ……　　　车 1 平 3

黑方出象位车正着，接下来伏有卒 3 进 1，车六平七，卒 3 进 1，车七退三，卒 7 进 1 的手段，这样由于红方七路车在兵林线对黑方河口无法形成控制，黑方子力可以顺利调运。

⑨ 车六平七　炮 2 进 2

黑方准备兑 7 卒后掩护 7 路马前进。

⑩ 车九平四　卒 7 进 1

⑪ 车四进六

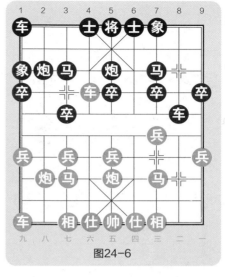

图24-6

红方如车四进三，黑方同样可以走马 7 进 6 先顶上来。

⑪ ……　　　马 7 进 6　　⑫ 兵七进一

红方进兵拆开黑方巡河线子力间的掩护，常见的手段。

⑫ ……　　　卒 7 进 1

⑬ 兵七进一　炮 2 进 2（双方大体均势）

知识点 4：小列手炮

① 炮二平五　马 8 进 7　　② 马二进三　车 9 平 8

③ 车一平二　炮 2 平 5

黑方立中炮的方向与红方正好相反，因此称为"列手炮"或"逆手炮"。

④ 车二进六

红车过河是一种刚性的选择，作用是有效地压制黑方左翼的子力。

④ ……　　　马 2 进 3

黑方先跳右马，出动右翼子力，机动性较强。

⑤ 马八进七

红方如车二平三，则车 1 平 2，马八进七，马 3 退 5，兵七进一，炮8退1，黑方有反击。

⑤······　　　　　　车1平2　　　⑥车九平八　车2进6

如图24-7，双方各攻一翼，以下红方有车二平三、炮八平九、兵三进一等多种变化，双方对抗激烈。

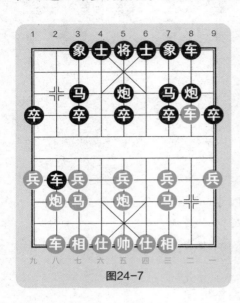

图24-7

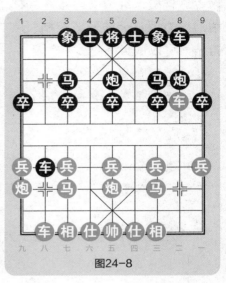

图24-8

【延伸学习】红方炮八平九变例

⑦炮八平九

如图24-8，红方平炮兑车，简化局面。

⑦······　　　　　　车2进3

黑方如车2平3，则车八进二，炮8平9，车二平三，车8进2，炮九退一，车3平4，马七进八，车4进2，马八进九，车4平1，马九进七，红方先手。

⑧马七退八　炮8平9　　　⑨车二进三　马7退8

⑩兵七进一　卒7进1

兑掉双车后，局势较为平稳，双方都可以接受。

知识点 5：中炮对左炮封车转列手炮

①炮二平五　马 8 进 7　　②马二进三　车 9 平 8
③车一平二　炮 8 进 4

黑方进炮封车，用意在于抢先堵截对方的直车过河，更为了加强过河炮的封锁，后补当头炮牵制对方右马的活动，从而减轻在布局上的压力，以便于轻快地进行对攻。

④兵三进一

红方挺三路兵活马，是针对黑方封车所采取的反击手段。如被黑方 7 路卒抢到先机，红方右翼车马将明显受制。

④……　　　炮 2 平 5

至此形成中炮对左炮封车转列炮的布局阵势，此布局的特点是，双方一上来即展开阵形上的争斗，对攻激烈，变化复杂。

⑤兵七进一

红方挺三、七路兵，形成"两头蛇"阵势，限制黑方双马通头，并开通己方两条马路。

⑤……　　　马 2 进 3

黑方上正马然后出直车，走法稳正。另一种变化是车 1 进 1，马八进七，车 1 平 8，以后将形成各攻一翼的激烈对攻局面，但由于黑方右翼子力较少，对攻起来红方更为迅捷，因此这一变例已少有棋手采用了。

⑥马八进七

红方左马正起，顺调出子，是"两头蛇"的基本布置。

⑥……　　　车 1 平 2
⑦车九平八　车 2 进 4

如图 24-9，黑方高车巡河，准备抢兑 3、7 卒活通双马，另

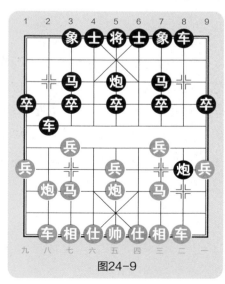

图24-9

有车2进6过河车的选择。

【延伸学习】红方炮八平九变例

⑧ 炮八平九　　车2平8

如图24-10，黑方平车以后，集中子力于左翼反击，以后有平炮压马兑车，或挺7卒兑兵威胁红马等手段。此阵形中，黑方右马无根是个弱点，但可通过加快左翼反击速度或必要时卸炮联象保马来解决。

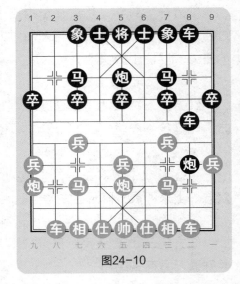

图24-10

⑨ 车八进六　　炮8平7

黑方平炮兑车攻相，对抢先手。

⑩ 车八平七

红方直接吃卒压马，兑换之后，将形成各攻一面的复杂局势。如改走车二平一，炮5平6，车八平七，象7进5，兵七进一，士6进5，变化较平稳。

⑩ ……　　　　车8进5　　⑪ 马三退二　　车8进9

⑫ 车七进一　　车8平7　　⑬ 车七进二

红方如急于走炮九进四，则车7平8，炮五平三，车8退2捉炮，红方无担子炮防守而陷入被动。所以先进车吃象再伺机飞炮击卒，是正确的次序，也是本布局的一步关键性着法。至此双方棋形有着某些相似之处，都潜伏车炮从底线袭击，但红马活跃且多兵，黑马呆滞，从布局角度看，红方先手。

课后练习

根据下列结果图，写出双方布局的着法过程。

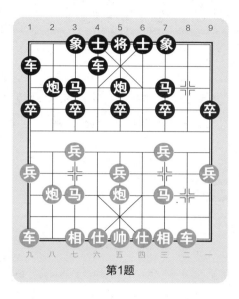

第1题

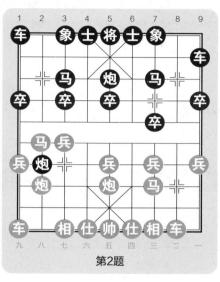

第2题

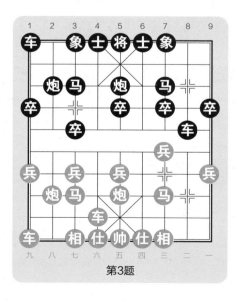

第3题

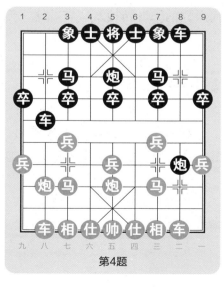

第4题

中炮对屏风马布局定式解析

【学习目标】学习中炮过河车对屏风马布局中平炮兑车和左马盘河两种变化、五六炮对屏风马进7卒、五七炮对屏风马互进三兵（卒）布局定式。

知识点 1：中炮过河车对屏风马平炮兑车

①炮二平五　马8进7　　②马二进三　车9平8

③车一平二　马2进3

至此双方形成中炮对屏风马布局的基本构架，由此可演变成各种各样的阵式。在某种意义上，掌握此布局是研习其他布局的基础，任何布局的阵形转换及攻守规律，无一不与中炮对屏风马息息相关！

④兵七进一　卒7进1

双方互挺七（7）路兵（卒）作用相同，开通己方马路，遏制对方马的活通。

⑤车二进六

红方急进过河车加强攻击力，如改走马八进七，则炮2进4，兵五进一，炮8进4，车九进一，炮2平3，黑方有反击手段。

⑤……　　　炮8平9

"平炮兑车"是中炮对屏风马中变化最为复杂的布局战术，常常演变成各种扣人心弦的战斗局面。

⑥车二平三　炮9退1

如图 25-1，至此形成中炮过河车对屏风马平炮兑车的基本阵势。红车避兑以免局势简化而失去先手，黑方退炮准备平 7 逐车，徐图反击，黑方这种阵势具有绵里藏针、后发制人的特点，是对抗中炮过河车的有效战术。

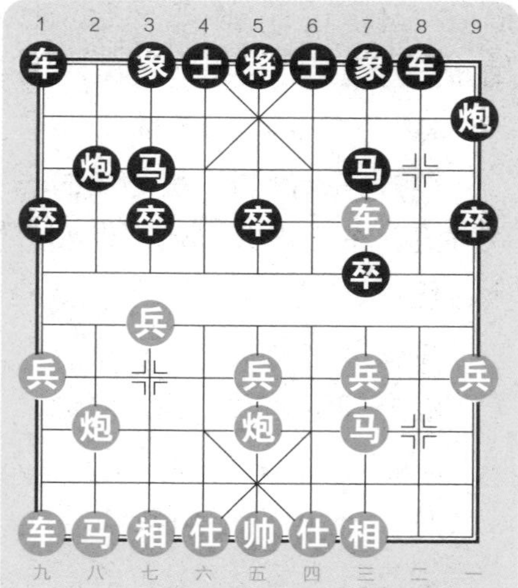

以下红方有马八进七、炮八平六、炮八平七、兵五进一等多种攻法。

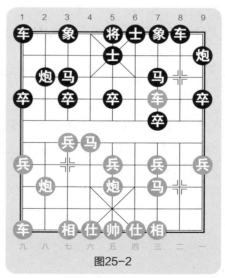

图25-1

【延伸学习】红方马八进七变例

⑦马八进七　　士 4 进 5

黑方补士，静观其变，是实战中最常见的应着。黑方补士的作用在于以士为支撑，随时可以通过炮 2 退 1 来保持左右两翼的联络。

⑧马七进六

如图 25-2，红方跃马河口，是一种稳健的下法。此种阵法伸缩性较强，就双方子力结构来讲，红方的河头马将成为双方争夺的焦点。

⑧……　　　炮 9 平 7

⑨车三平四　　车 8 进 5

黑方进车捉马，是最为稳正的选择。另有象 3 进 5、象 7 进 5 或马 7 进 8 等变着，局势亦很复杂，但从发展的前景来看，红方较为有利。

⑩炮八进二

红方升炮护马，双方由此展开了河口的争夺。此手不宜走马六进五，否则马 3 进 5，炮五

图25-2

进四，马 7 进 5，车四平五，炮 2 平 7，红方丢失先手，将面临受攻局面。

⑩……　　　象 3 进 5

黑方补象固防，是必要的一手。如急于反击而走卒 3 进 1，则马六进五，车 8 平 3，炮八平九！象 3 进 1，马五进七，红方先得一子，大占优势。

⑪炮五平六

红方卸炮调形，伺机而动，着法稳健。如改走马六进五，则车 8 平 3，炮八平九，车 1 平 3，红方无便宜。

⑪……　　　卒 3 进 1

黑方兑 3 卒亦十分及时，可借机破坏红方河头阵地。

⑫兵三进一

红方进三兵驱车是巧妙的争先之着。

⑫……　　　车 8 退 1

黑方退车避让，着法机警。如误走车 8 平 7，则相七进五，车 7 进 1，炮八退一，黑方必丢车。

⑬兵七进一　象 5 进 3

黑方不可卒 7 进 1 贸然对攻，否则兵七进一，马 3 退 4，相七进五，卒 7 进 1，马三退五，红右马可穿宫盘出，安然无恙，而黑方右马败退后，将成为难以摆脱的弱点。

⑭炮八平七

红方平炮打马，着法积极。

⑭……　　　马 3 进 4

红方平炮打马战术紧逼，黑方炮口献马迎难而上，应着铿锵有力！如改走示弱性的象 3 退 5，则车九平八，车 1 平 2，马六进七，红方大优。

⑮炮六进三　卒 7 进 1

布局至此，黑方必然得回失子，双方大体均势。

知识点 2：中炮过河车对屏风马左马盘河

① 炮二平五　马 8 进 7　　② 马二进三　车 9 平 8

③ 车一平二　卒 7 进 1

黑方抢挺 7 卒避开红方中炮进三兵和边马五七炮的阵法，带有一定的强制性，是以我为主的战略性选择。

④ 车二进六　马 2 进 3　　⑤ 兵七进一　马 7 进 6

黑方左马盘河，威胁红方过河车，是屏风马对抗中炮过河车的重要变例。黑马跃出后，对红车构成有效牵制，不利之处是左翼车炮脱根，是一种利弊参半的战术手段。因此，双方之后的战斗都将围绕这一焦点展开。

⑥ 马八进七　象 3 进 5

如图 25-3，黑方飞右象着法稳正，子力配置更为合理。除此之外，黑方也有车 1 进 1 或直接卒 7 进 1 的对攻着法。至此双方形成中炮过河车对屏风马左马盘河的经典阵势。以下红方有炮八进二、炮八进一、炮八平九、车九进一等多种变化。

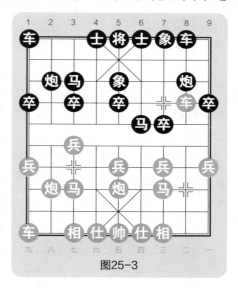
图25-3

【延伸学习】红方炮八平九变例

⑦ 炮八平九

如图 25-4，红方用五九炮来进攻左马盘河，始见于 1966 年全国个人赛，多年来这一布局攻防体系发展迅速，至今已成为红方有力的武器，在实战中屡见不鲜。红方平边炮，准备开出左车助战，不计较黑方 7 卒渡河，敢于暂时置河口马于不顾，而把着眼点放在全局子力的出动上，两翼开通，使双车灵活，左右协同作战。黑方则宜采取多种积极的对抗方式，双方格斗十分激烈，变化复杂，是目前的热门布局。

⑦……　　　　炮2进4

黑方进炮策应6路马，含蓄有力。

⑧车二平四

此时红方也可以先走车九平八，以下车1平2，车二平四与主变殊途同归。

⑧……　　　　马6进7

黑方进马踩兵，着法积极。如改走炮2平7，结果红优。

⑨马七进六　　车1平2

⑩车九平八　　炮8平7

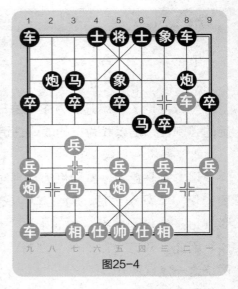

图25-4

黑方平炮亮车的同时牵制红方三路线，正着。如炮8进4，则炮五进四，马3进5，车四平五，黑方2路线上的车炮被牵，红方有利。

⑪车四平三

红方如仍走炮五进四，则马3进5，车四平五，车8进8！黑方由于炮在7路线上，黑车顺利杀入红方下二路线，以后炮7平8调整，黑方满意。不难看出上回合黑方如炮8进4，黑方8路车没有位置，形成不了反击，这正是炮8平7与炮8进4的区别所在。

⑪……　　　　炮7平9　　⑫兵七进一　　马7进5

这是黑方化解红方攻击的关键。

⑬相七进五　　炮2进1　　⑭兵七进一　　炮2平7

⑮车八进九　　炮7退4　　⑯兵七进一　　士6进5

双方各攻一翼，红方略优。

知识点3：五六炮对屏风马进7卒

①炮二平五　　马8进7　　②马二进三　　车9平8

③车一平二　　马2进3　　④马八进九

红方左马屯边意在均衡发展子力，也是一种稳健型布局，其特点是根据对方的应手而随机应变地转换成五六炮、五七炮或是五八炮，这在 20 世纪 60 年代曾盛行一时。

④……　　　　卒 7 进 1

此时黑方主要有卒 3 进 1 和卒 7 进 1 两种选择，经大量实践检验，前者稍显吃亏，因而随着时间的推移，现在大多数棋手均喜用卒 7 进 1 的变化。

⑤炮八平六

红方平炮即形成五六炮的基本阵式。五六炮的主要优点有两处：其一，在某些变例中可免去黑方七路马渡河捉炮的先手；其二，在不少后续的变例中，六路炮能够起到助攻的作用。

⑤……　　　　车 1 平 2　　⑥车九平八　　炮 8 进 4

如图 25-5，黑方左炮封车是 20 世纪 90 年代开始兴起的变例，作用是限制红方右车的活动，争取主动。

至此形成五六炮对屏风马的基本阵式，此布局在 20 世纪 50 年代即已兴起，虽说与五七炮开局仅一步之差（炮八平七），但却形成了风格迥异的两大类布局态势，如果说五七炮对屏风马较易引起激烈对攻的话，那么五六炮则是一种公认的稳健型的布局构思。

以下红方有车八进六、车八进四、车二进一等攻法。

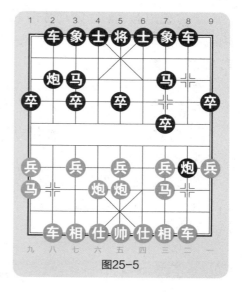

图25-5

【延伸学习】红方车八进六变例

⑦车八进六

如图 25-6，红方左车过河是符合棋理的选择。黑方上一着左炮过河，3 路马失去炮的保护，红方左车过河后威胁增强，形成各压一面的局势。

⑦……　　士4进5

黑方补右士，为右马留好退路，正着。由于红方是五六炮阵形，因此黑方不宜走炮2平1兑车，否则红方有车八平七，车2进2，炮六进五！黑方失势。

⑧车八平七　　炮8平5

黑方平炮先抢一步实惠。也可以直接走马3退4，仕六进五，象3进5，黑方可战。

⑨仕六进五

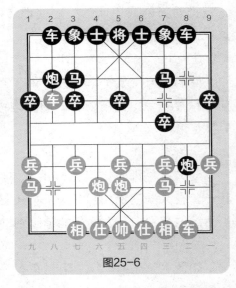

图25-6

红方如炮五进四，则马3进5，车二进九，炮5退1，车二退五，炮2平5，车二平五，炮5进3，车七退二，炮5退1，马九退七，车2进7，黑方大占优势。

⑨……　　车8进9　　⑩马三退二　　马3退4

⑪马二进三　　炮2平5　　⑫兵九进一　　炮5退1

黑方保持变化，暂时不给红方简化局面的机会。

⑬帅五平六

红方准备炮五进四强行打破黑方封锁。

⑬……　　车2进4

双方大体均势。

知识点4：五七炮对屏风马互进三兵（卒）

①炮二平五　　马8进7　　②马二进三　　车9平8

③车一平二　　马2进3　　④兵三进一

相对于风格明快的进七兵而言，进三兵则显得稳健一些，多数情况下容易演变成缠绵持久的阵地战。

④……　　卒3进1

黑方挺卒是必走之着，否则红方再挺七路兵成两头蛇阵势，黑方双马受制。值得指出的是，黑方挺 3 路卒是在红方先挺三路兵的前提下才走的。

⑤马八进九

双方互挺三路兵（卒）之后，红方若跳左正马便受抑制，故屯向边线。

⑤……　　　卒 1 进 1

黑方挺边卒制马，准备边线出车。

⑥炮八平七　马 3 进 2

如图 25-7，双方弈成了五七炮对屏风马互进三兵（卒）阵势。红方的布局意图是，待黑方外马封车后，削弱其中防力量，再提左横车协调作战，对黑方施加压力。

以下红方有车九进一、马三进四、车二进六、车二进四等多种攻法。

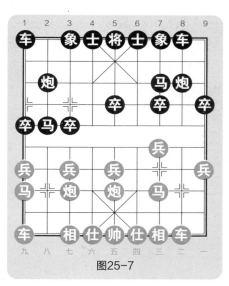

图25-7

【延伸学习】红方车九进一变例

⑦车九进一

如图 25-8，红方出左横车，稳健之着，意在使两翼兵力均衡发展。

⑦……　　　卒 1 进 1

黑方兑卒亮车，俗称"大出车"，意图是利用兑卒通车，威胁红方三路兵，控制骑河线，是以攻为守的开放型下法。

⑧兵九进一　车 1 进 5

黑方进车控制河口，限制红方跃马助攻。

⑨车二进四

稳健之着！亦可走车九平四，则车 1 平 7，马三进四，象 7 进 5，马四进六，双方对杀。

⑨……　　　　　　象7进5

⑩车九平四

红方横车过宫准备进三兑车或进五抢占卒林线。

⑩……　　　　　　士6进5

黑方补士稳固中防，但只可补左士。若士4进5，则车四进三，车1进1（车1平6兑车则花士象不利防守），兵七进一，炮2平3，兵七进一，炮3进5，马三退五，红方先弃后取，占优。

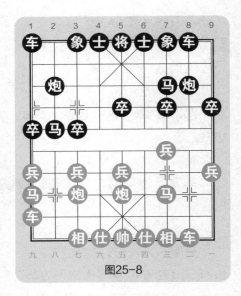

图25-8

⑪车四进三

红方巡河线兑车，使局势趋向平稳。

⑪……　　　　　　车1平6　　⑫马三进四　车8平6

黑方捉马摆脱红车牵制，正着。

⑬马四进五

红方如马四进三，则炮8退2，炮五平三，炮8平7，相三进五，炮7进3，炮三进四，车6进6，黑方满意。

⑬……　　　　马7进5　　⑭炮五进四　车6进3

⑮炮五退一　　马2进1

⑯炮七进三　　车6进3（双方大体均势）

课后练习

根据结果图，写出双方布局的着法过程。

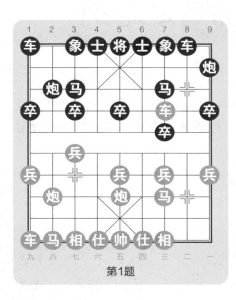

第1题

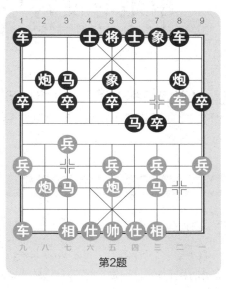

第2题

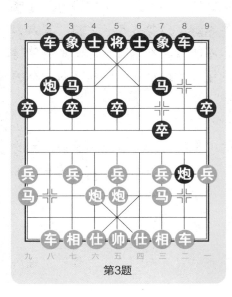

第3题

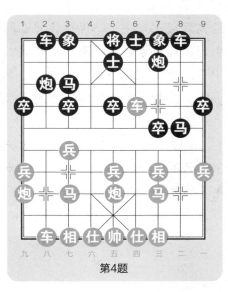

第4题

第 26 天

中炮对反宫马布局定式解析

【学习目标】学习五六炮进三（七）兵对反宫马、五八炮进三兵对反宫马、五七炮进三兵对反宫马、中炮横车对反宫马布局定式及其各自的要点。

知识点 1：五六炮进三兵对反宫马

①炮二平五　马2进3　　②马二进三　炮8平6

黑方平炮士角，形成反宫马阵势，亦称"夹炮屏风"。主要意图是利用士角炮来牵制红方走马八进七，使红方减慢出子的速度。如果红方走仕四进五或炮八平九这一类比较缓和的下法，黑方满意；即使红方直接车一进一，然后再平四盯住黑炮，也要多花一手棋，黑方为自己的左车换得了出直车的机会，也不吃亏。不过，平炮士角会使得出车的速度相应地慢了一些，士角炮蹩了7路马腿，削弱了对中卒的保护，这都是黑方需要注意的弱点。

③车一平二　马8进7　　④兵三进一

红方先进三兵的理由是，黑方的中卒只有一个3路马保护，因此3路马不能轻动，所以先制住黑方7路马，然后逐步进攻，这是一种有一定控制力的攻法。当然，进三兵后也有不利之处，红方二路车不能进四占据河头，红方的左马只能进到九路边线。

④……　　　　　卒3进1

黑方挺起3路卒，若两个马前卒都被对方控制，双马受制，局势将很难开展。

⑤马八进九 象7进5

黑方飞左象，是在"飞右象型"基础上发展起来的一种新式变着。其战术构思是，9路车暂缓出动，以加强左翼的防务，伺机伸展右翼子力对红方左路进行封锁反击。与右象左横车形成"半壁江山"的布置相比，黑方飞左象两翼开展更均衡，攻守兼备，使局势更富弹性。

⑥炮八平六 车1平2

如图26-1，黑方先开车十分重要，便于当红方亮左车时伸炮封车。如改走士6进5，则车九平八，车1平2，车八进六，炮6进1，车八退二，炮2平1，车八平四，炮6退1，兵九进一，黑方子力难以开展。

至此，双方弈成了五六炮进三兵对反宫马飞左象的布局阵势。红方的主要战略是，运用双直车配合六路炮牵制对方，以徐图进取，逐步扩先。而黑方则力求在巩固阵地中争取主动，寻求反击。双方互缠紧凑，对峙性很强，大多是在中残局分高低。

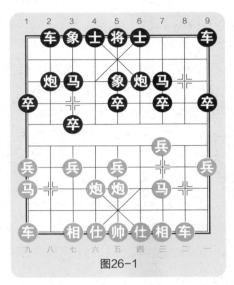

图26-1

【延伸学习】红方车九平八变例

⑦车九平八 炮2进4

黑方伸炮可压制红方，紧要之着。如改走士6进5，则车八进四，炮2平1，车八进五，马3退2，炮五进四，红优。

⑧马九退七

如图26-2，在黑方中路尚未完全巩固之际，红方退马逐炮，先手消除兵行线的压力，正当其时。如改走兵九进一，则士6进5，仕六进五，车9平8，车二进九，马7退8，红方先手尽失。

⑧…… 炮2退1

黑方退炮骑河，牵制红方右马出击，保持弹性反击之势。

⑨ 车二进六

红方进车卒林线企图谋取多兵优势，如改走车八进三，则士6进5，兵九进一，炮6进4，黑方不差。

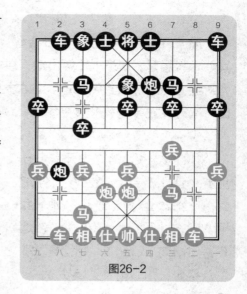

图26-2

⑨……　　　　车9平7

黑方平车保马，预先防范，稳健的选择，如车9平8，则车二平3，炮6进4，相三进一，炮6平7，车三平四，士6进5，红方易走。

⑩马三进四　　士6进5　　⑪车二平三　　炮6退2

黑方退炮攻守兼备，好棋。

⑫炮六进五

红方先弃后取，打乱黑方厚实的防守阵形。

⑫……　　　　士5进4　　⑬马四进五　　马3进4

⑭车三进一　　车7平8（双方对峙）

知识点2：五六炮进七兵对反宫马

①炮二平五　　马2进3　　②马二进三　　炮8平6

③车一平二　　马8进7　　④炮八平六

红方平左仕角炮，意在下一着走马八进七后形成五六炮正马阵势，先使两翼子力均衡发展再伺机进行突破。此开局布阵能否成功，往往取决于仕角炮能否充分发挥效力。

④……　　　　车1平2

黑方出右直车准备抢先亮车，这是本变例中最流行且卓有成效的着法。

⑤马八进七 炮2平1

黑方平炮亮车对红方左翼有所牵制。

⑥兵七进一

红方进七路兵，准备跃出左马，是既定的部署。如走兵三进一，则卒3进1，红方反而吃亏。

⑥……　　　卒7进1

如图26-3，黑方挺7路卒，先开通左翼马路，静观其变。至此，双方演变成五六炮正马对反宫马平炮亮车布局阵势。以下红方有马七进六、车九进二、车二进六等攻法。

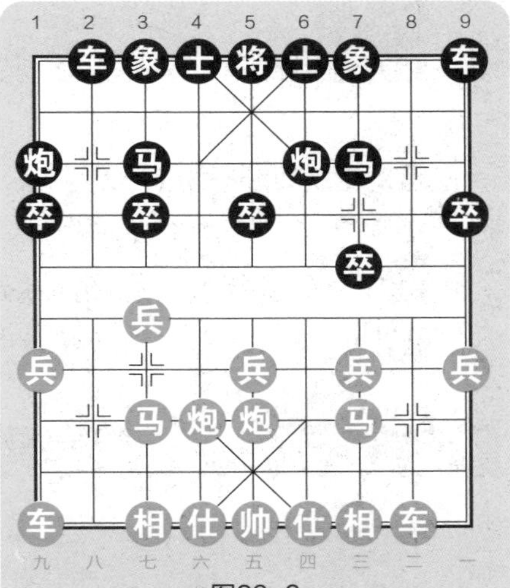

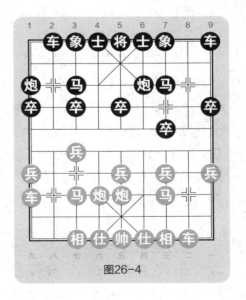

图26-3

【延伸学习】红方车九进二变例

⑦车九进二

如图26-4，红方进左车，疏通左翼子力。

⑦……　　　马7进6

黑方形成"马前炮后"的最佳结构，是反宫马的攻击要点。

⑧车二进四

红方高车准备马七进六邀兑黑马，消除黑方的反击威胁。

⑧……　　　象7进5

⑨马七进六 马6进7

黑方如马6进4，则车二平六，红方子力位置好，黑方受困。

⑩车二平四

红方如炮六进一，则马7进5，相三进五，士6进5，双方大体均势。

图26-4

⑩……　　　士6进5　　　⑪炮六进一

红方进炮打马，借先手之利主动调整阵形。

⑪……　　　炮6平7　　　⑫炮五平七

至此红方调形完成。

⑫……　　　车9平6

黑方平车是寻求简化局面的选择。

⑬车四进五　　士5退6（双方均势）

知识点3：五八炮进三兵对反宫马

①炮二平五　　马2进3　　　②马二进三　　炮8平6

③车一平二　　马8进7　　　④兵三进一　　卒3进1

⑤炮八进四

红方进炮瞄卒，贯彻既定的方针，准备打卒并压住黑方左马。乍看之下似乎和先走马八进九差不多，实际上是有差别的，主要的不同在于如先走马八进九，则象3进5，炮八进四，黑方可以卒7进1兑卒，阻止红炮平三打卒压马的意图。

⑤……　　　象7进5

飞左象是对飞右象的改进。红方如续走炮八平三打卒，由于黑方7路象已经飞到中路，底线没有被威胁的弱点，黑方满意。红方以后如续走马八进七出子，黑方可以炮6进5打马，以后再马3进4出子反击。

⑥车二进六

红方进车过河正当其时。如马三进四，则车1进1，马四进五，马3进5，炮五进四，士6进5，车二进六，车1平4，黑

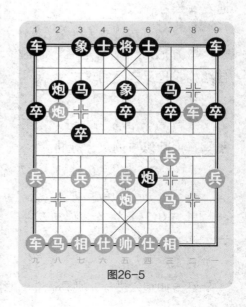

图26-5

方阵型厚实且主力子随时都可投入战场，黑方满意。

　⑥……　　　　炮6进4

　如图26-5，至此双方形成五八炮进三兵对屏风马挺3卒的典型局面，双方对峙。以下红方有马八进七、马八进九、车二退三等多种走法。

【延伸学习】红方马八进九变例

　⑦马八进九

　红方跳边马可以限制黑方6路炮的空间。

　⑦……　　　　　士6进5

　⑧马三进四（图26-6）

　红方如车二进一捉马，黑方可以选择炮6平7弃子抢攻，以下车二平三，马3进4，车三进一，炮2退1，车三退一，炮7进3，仕四进五，卒3进1，炮八平七，车9平8，黑方弃子有攻势，演变下去黑方满意。

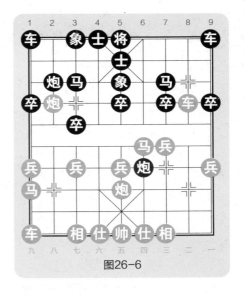

图26-6

　⑧……　　　　　卒1进1

　⑨车二退三

　红方不宜直接走炮八平七，否则黑方可以顺利抢到炮2进4的机会，红方不利。

　⑨……　　　　炮6进1　　⑩炮八平七

　红车守在兵林线，黑方此时若再走炮2进4对红方构不成威胁了。

　⑩……　　　　车9平6　　⑪车九平八　车6进5

　⑫车八进七　车1进2　　　⑬车八平九

　红方只能接受兑车，如车八进一，则车1进1，炮七平三，卒5进1，兵三进一，象5进7，炮三平二，象7退5，黑方子力活跃，潜力很大。

　⑬……　　　　象3进1（双方大体均势）

知识点 4：五七炮进三兵对反宫马

① 炮二平五　马2进3　　　② 马二进三　炮8平6

③ 车一平二　马8进7　　　④ 兵三进一　卒3进1

⑤ 马八进九　象7进5　　　⑥ 炮八平七

以上双方形成五七炮进三兵对反宫马进3卒的常见阵势。红方炮八平七较有攻击力，也是实战中采用最多的着法。

⑥……　　　　车1平2

黑方必须先开车，待红方出左车时可及时伸炮封住。

⑦ 车九平八　炮2进4

如图 26-7，黑方进炮封车乃大势所趋，也是黑方取得对抗局面的最佳途径。否则红方车八进四起巡河车，将顺利取得先手局面。至此，红方有兵七进一、兵五进一、车二进四、车二进六等攻法。

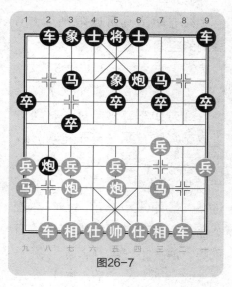

图26-7

【延伸学习】红方兵七进一变例

⑧ 兵七进一

红方弃兵，意在挑起激烈的战斗。

⑧……　　　　卒3进1　　　⑨ 兵三进一

如图 26-8，红方连续弃两个相头兵代价不小，目的是打通巡河线准备右车巡河捉卒迅速转至左翼，构思巧妙。

⑨……　　　　卒7进1　　　⑩ 车二进四

红方连弃双兵的后续手段。

⑩……　　　　卒3平2　　　⑪ 兵九进一　炮6进4

黑方升炮形成"双炮过河"是正着。

⑫ 车二平八

红方平车是正确的选择，如改走马九进八，则炮6平7，相三进一，车9进1，黑方主动。

⑫……　　　车2进5

⑬马九进八　炮6平7

黑方借炮威胁底相之机，为右炮留出位置。

⑭马八进七

红方弃相抢攻，着法积极，如改走相三进一，马3进2，兵五进一，炮2平6，黑方可从容应付。

⑭……　　　炮2平3

双方对峙，大体均势。

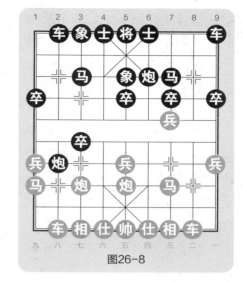

图26-8

知识点5：中炮横车对反宫马

①炮二平五　马2进3　　②马二进三　炮8平6

③车一进一

红方起右横车，准备抢占肋道牵制黑方士角炮，然后左马正起，伺机向黑方中路及右翼发起进攻。

③……　　　马8进7　　④车一平四

至此形成中炮横车对反宫马，红方平车瞄炮，可稳持先手，但此局面变化不多，易成和局。此局面下红车不宜平六路，因黑方士角炮威胁红马正起，补右士象后黑方可直接平车邀兑，红方反而不利。

④……　　　车9平8　　⑤马八进七

红方出横车的目的是掩护左马正出。

⑤……　　　士4进5

黑方支士应对，随时准备贴将出车。

⑥兵五进一

红方冲中兵直攻中路，形成中炮横车夹马对反宫马的阵势。如改走兵七进一，则卒7进1，炮八平九，炮2进2，车四进五，马7进8，车九平八，炮2平1，黑方不难走。

⑥……　　　炮6平5

如图26-9，黑方还架中炮反击，是反宫马在红方中炮布局发动中路攻势意图明确的情况下，发挥士角炮潜在作用的一种应对方式。

以下红方有马七进五、车四进五、车九进一，三种主要攻法。

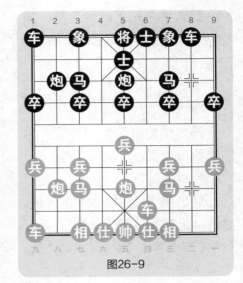

图26-9

【延伸学习】红方马七进五变例

⑦马七进五　　炮2进4

如图26-10，黑方右炮过河，破坏红方双马连环，是化解红方中路攻势的又一要着。如改走卒3进1，则兵七进一，马3进4，兵七进一，马4进5，马三进五，车8进4，车四平七，红方占优。

⑧兵五进一

红方弃中兵打开中路攻势，着法明快有力！

⑧……　　　炮2平5

⑨马三进五　　车1平2

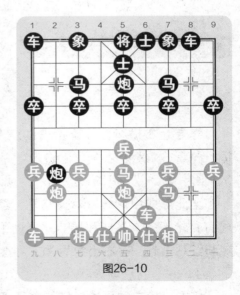

图26-10

⑩车九进二　卒5进1

黑方吃兵以后，双方势必要在中路进行一番厮杀。

⑪马五进六　　炮5进5　　⑫相七进五　　马3进5

⑬炮八进四　　车8进4　　⑭车九平六　　象3进5

双方互缠，大体均势。

课后练习

根据下列开局的结果图，写出双方布局的过程。

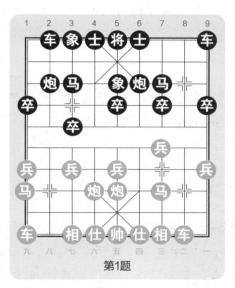

第1题

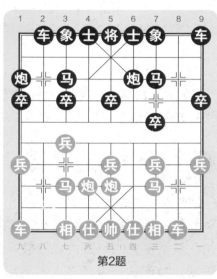

第2题

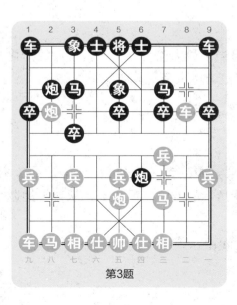

第3题

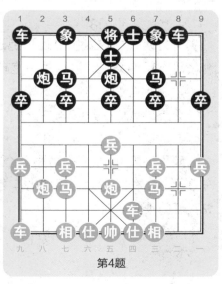

第4题

偏锋炮布局定式解析

【学习目标】主要学习红方先手仕角炮对右中炮及右过宫炮、先手仕角炮对进 7 卒、过宫炮对左中炮的布局定式及其各自要点。

知识点 1：仕角炮对右中炮

① 炮二平四

红方平仕角炮，看似不如直接架中炮显得有力，但也有其刚柔并济、灵活多变的一面，它可根据对方的布子情况，灵活地转换成各种阵式。故而这一灵活多变的布局特点，深受局面控制型棋手的青睐，其攻防变化也早已自成一派。

① ……　　　　炮 2 平 5

黑方以右中炮对抗右仕角炮是当下最为流行的下法，以后的变化套路黑方反客为主，以后手中炮攻红方的反宫马阵势。

② 马八进七　马 2 进 3　　③ 马二进三

红方形成先手反宫马的阵型。

③ ……　　　　马 8 进 9

黑方左马屯边，布局协调合理。如改走马 8 进 7，则车一平二，车 9 平 8，车二进六，因红方有仕角炮的威胁，黑方不能从容平炮邀兑，红方明显占优。

④ 车一平二　车 9 平 8　　⑤ 车九平八　车 1 平 2

⑥ 炮四进五

红方伸炮士角衔住双马，扰乱黑方阵营，是目前较为流行的选择。

⑥……　　　车2进6

如图27-1，黑方进车过河，争先之着。至此，红方有炮八平九、兵七进一、炮四平一等攻法。

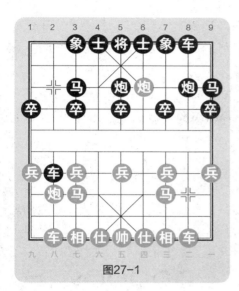

图27-1

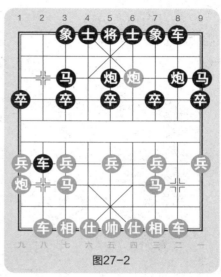

图27-2

【延伸学习】红方炮八平九变例

⑦炮八平九

如图27-2，红方平炮兑车，着法稳健。如改走炮四平一，则象7进9，车二进六，卒5进1，黑方主动。

⑦……　　　车2平3　　　⑧车八进二

红方进车保马看似迂回，但在宫顶线上构建出一个潜在的反击阵形。

⑧……　　　卒5进1

利用红方中路薄弱的弱点，黑方进中卒强攻。

⑨相三进五　　卒5进1

黑方再冲中卒准备强行打开红方兵林线，加速子力整体出动的速度。

⑩车二进四　炮5进4　⑪仕四进五　炮5平1（双方对峙）

知识点2：仕角炮对进7卒

①炮二平四　卒7进1

黑方用仙人指路对红方仕角炮，其战术意图是活通马路，并在战略上迫使红方不能走马二进三，以免形成先手反宫马的优势格局。这是应付先手仕角炮的一种有效策略。

②马二进一　马8进7　③炮八平五

红方架中炮变成五四炮，是一种积极的策略。

③……　车9平8　④马八进七

红方先跳左正马抢出左车，正着。

④……　马2进3　⑤车九平八

出左车后，无论黑方如何实施封锁战术，红方仍可保持一车通畅。

⑤……　车1平2　⑥车一平二

红方如车八进四，则炮2平1，车八平四，炮8平9，车一进一，卒3进1，车一平六，士6进5，黑方阵形工整，子力活跃，有反先之势。

⑥……　卒3进1

如图27-3，黑方进卒正确，如炮2进4进炮封车后，黑方7路马脱根易受攻击。布局至此，形成双方对峙的局面。以下红方有炮四平三、车二进四、车八进四等攻法。

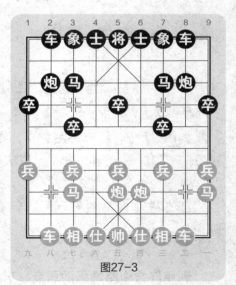

图27-3

【延伸学习】红方车二进四变例

⑦ 车二进四　炮 8 平 9

⑧ 车二进五（图 27-4）

红方兑车正确。如兵一进一，则车 8 进 5，马一进二，炮 2 进 3，黑方先手。

⑧ ……　　　马 7 退 8

⑨ 车八进四　马 8 进 7

黑方不宜再走炮 2 平 1 兑车，否则兑车后红方炮五进四有空头炮的威胁，黑方不利。

⑩ 兵三进一

弃三兵是红方打开局面的关键。

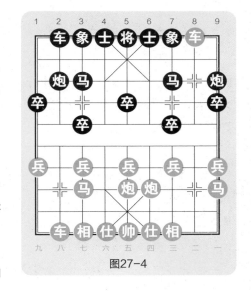

图27-4

⑩ ……　　　卒 7 进 1　⑪ 炮四平三

这是红方弃兵的后续手段。

⑪ ……　　　马 7 退 9　⑫ 车八平三　象 3 进 5

⑬ 兵一进一　士 4 进 5（双方对峙）

知识点 3：仕角炮对右过宫炮

① 炮二平四　炮 2 平 6

以右过宫炮对抗仕角炮是黑方常见的选择，意图是利用双炮对峙来遏制红方的行棋效率。

② 马八进七

红方先进左马是为了左炮封车，在出动己方大子的同时也抑制对方大子的出动速度。

② ……　　　马 2 进 3　③ 车九平八　卒 3 进 1

黑方先进卒活马，保留 1 路车的灵活性，暂时不给红炮封车的机会。

④炮八平九　　马8进9

⑤兵三进一

红方进三兵准备活马，正着。如改走马二进一，则车9平8，黑方接下来有炮8进6的手段，以后黑方可以通过车1平2兑车，实施对红方的封锁。

⑤……　　　　炮8进4

黑方进炮是很有针对性的选择，准备炮8平7压马，并保留炮8平3的手段。

⑥马二进三　　炮8平7

如图27-5，双方大体均势。以下红方有车一平二、车八进四、相三进五等选择。

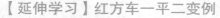

图27-5

【延伸学习】红方车一平二变例

⑦车一平二　　车9平8

如图27-6，黑方兑车正确。黑方右翼子力不好动，如改走车1进1，则相七进五，车1平4，兵七进一，红方子力活跃。又如象3进5，则相七进五，黑方子力出动偏缓，仍难满意。并且双方各飞一相（象），红方的优势等于进一步扩大，黑方亏损。

⑧车二进九　　马9退8

⑨车八进四　　车1平2

黑方再邀兑一车，转换成无车局的战斗，这样红方双马呆滞的弱点就显现出来了。

⑩车八进五　　马3退2

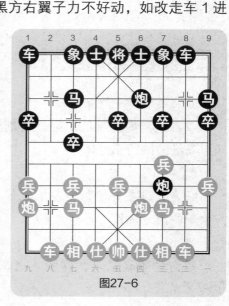

图27-6

黑方不宜炮 7 进 3 打相，否则等于放活了红马，黑方无趣。

⑪ 相三进五　炮 6 平 3　　⑫ 炮九进四　炮 3 进 4

双方各自谋取兵卒，先得实惠。

⑬ 兵五进一

红方进中兵准备盘活马路。

⑬ ……　　　马 2 进 3

⑭ 炮九退一　象 3 进 5（双方大体均势）

知识点 4：过宫炮对左中炮

① 炮二平六

过宫炮是一种古典式开局，尽管被认为红方左翼大子出动有嫌缓慢且子力拥塞、中路易受攻击，而曾一度被业界打入冷宫，但近年来经过探索和研究，丰富了许多变化，重新流行起来。

① ……　　　炮 8 平 5

黑方还中炮，是应付过宫炮比较常见的走法，其意图是威胁对方中路，采取以攻为守的策略。

② 马二进三　马 8 进 7

黑方先跳左正马，稳健之着。

③ 车一平二

红方也有仕四进五补右仕相再出贴帅车的下法，但因速度缓慢而未能流行。

③ ……　　　马 2 进 3

黑方跳右马，加快右翼主力出动的速度，针锋相对的走法。

④ 马八进七

红方急跃左正马，是近年来最为流行的攻法之一，比车二进四更为灵活而富有反击力。

④ ……　　　车 9 进 1

黑方起左横车，是对进 3 卒着法的改进。

⑤ 车二进四　车 9 平 4　　⑥ 仕四进五

红方补右仕巩固中防，着法稳健。

⑥……　　　　　　卒5进1

如图27-7，黑方冲中卒直攻中路。至此，双方形成过宫炮对左中炮布局的典型局面，以下红方有兵七进一、炮六平五、炮八进四等攻法。

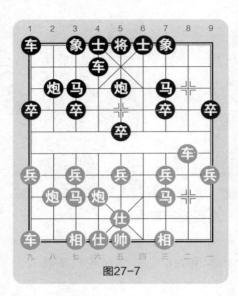

图27-7

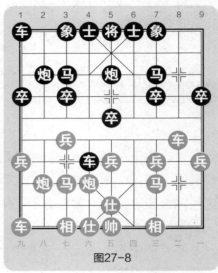

图27-8

【延伸学习】红方兵七进一变例

⑦兵七进一　车4进5

如图27-8，黑方进车兵林线既可防止红方进马打车，又可威胁红马，争先之着。

⑧炮八进四

红方进炮窥卒，破坏连环马出路，兼有阻黑方进炮河口牵制左马之意。

⑧……　　　　　　卒7进1　　⑨车二进二　炮5进1

黑方进炮邀兑，必走之着。如改走车4平3，则车二平七，车3进1，车七进一，红方先手。

⑩炮八退二　车4平3　　⑪车九进一　象3进5

⑫炮六平四　马7进6（双方大体均势）

课后练习

根据下列开局的结果图，写出双方布局的过程。

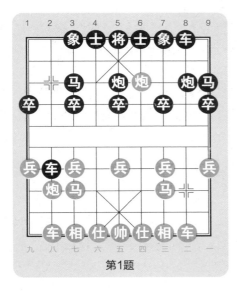

第1题

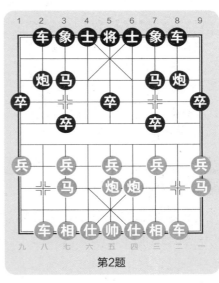

第2题

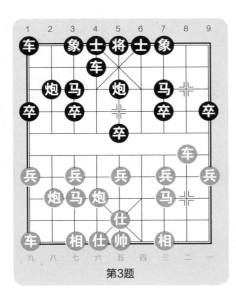

第3题

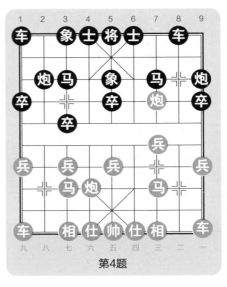

第4题

开局基本要求

【学习目标】简单地讲，开局的基本要求有四个：一是形成合力；二是随机应变；三是注重次序；四是分清左右。领悟基本要求，可提升棋手掌握开局的能力，弥补技术上的不足。

知识点1：形成合力

开局原则的确是要快速出动大子，但更重要的是，大子开动出来以后要形成有效的子力配合。开局第一项基本要求就是快速出动大子，形成有效的子力配合。

如图28-1，这是一个比较极端的例子。盘面上红方走了六步棋，黑方走了五步棋，红方的六个大子全部出动，黑方开动了双车双马四个大子。无论是从出子的速度还是出子的数量上看，红方都占据优势，但实际局面判断真是红方好吗？显然不是！红方子力分散，子力之间缺少配合，无法形成统一的目标。而黑方子力占位好，相互之间联系紧密，接下来可续走卒7进1从容占优。

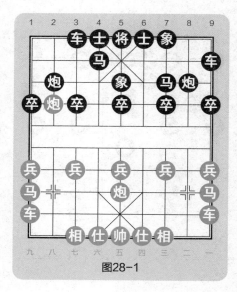

图28-1

通过这个例子我们不难看出来，在开局阶段仅仅出动大子用处不大，出动后的大子要形成有效的子力配合才是重点。

【例局】

①炮二平五　炮8平5　　②马二进三　车9进1

③兵三进一

红方先进三兵有意避开黑方卒7进1缓开车的布局阵势。

③……　　车9平4　　④兵七进一

红方再挺七兵形成两头蛇阵形，看似灵活工整，实则对布局基本原则的理解不够深刻。红方此时应走马八进七或车一平二开通大子。

④……　　马8进7　　⑤车一平二　车4进4

黑方抓住红方子力没有形成有效配合的弱点，进车骑河占据要点。

⑥炮八平七　车4平3　　⑦炮五退一

红方退炮似先实后，应走车二进六挥车过河。

⑦……　　炮2进6

黑方进炮压马切断红方马炮之间的联络，这是红方炮五退一时所忽略的巧手。

⑧车九进二　炮5平3

如图28-2，黑方平炮助攻3路车，着法紧凑，局面占优。红方布局失利的原因同样在于出动子力的时候，都是以单兵作战为主，缺少整体的相互配合，形成不了一个"握紧的拳头"，就无法击倒对手。

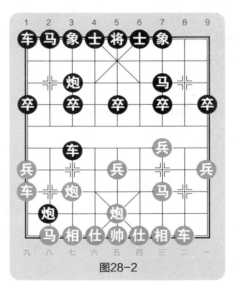

图28-2

知识点2：随机应变

同一个布局定式，棋手在实战中可以通过有意识地改变行棋次序来引导局面。在这个引导过程中，双方你来我往变化很多，棋手还必须因时制宜、随机应变，才能始终掌握主动。

【例局 1】

① 兵七进一　卒 7 进 1　　② 炮二平五　马 8 进 7

③ 马二进三　车 9 平 8　　④ 车一平二　马 2 进 3

⑤ 车二进六　炮 8 平 9　　⑥ 车二平三　炮 9 退 1

⑦ 马八进七　士 4 进 5

⑧ 炮八平九　车 1 平 2

⑨ 车九平八　炮 9 平 7

⑩ 车三平四　马 7 进 8

如图 28-3，本例布局，双方虽然是对兵（卒）局布阵，但是双方灵活应对，转换成五九炮过河车对屏风马平炮兑车的典型局面。与直接走五九炮布局相比，双方第 5 回合的两着棋放在第 1 回合中先走了出来。这类的转换相对简单，下面一则实战对局中，转换则要相对复杂一些。

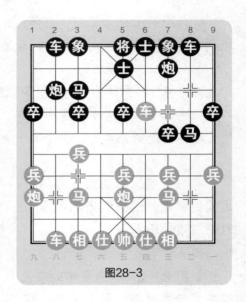

图28-3

【例局 2】

① 炮二平五　马 8 进 7　　② 马二进三　车 9 平 8

③ 兵三进一　炮 8 平 9

红方不出直车而挺起三路兵，希望把棋战引入自己计划的轨道。现黑方平炮亮车，着法针锋相对，如改走卒 3 进 1，则车一平二，马 2 进 3，形成常见的中炮进三兵对屏风马体系。

④ 马八进七　炮 2 平 5

如图 28-4，黑方如果力求稳健，可以选择卒 3 进 1，若力求战斗可以选择炮 2 平 5。实战中黑方选择炮 2 平 5 的变化后双方形成"中炮进三兵对三步虎半途列炮"布局的基本阵势。这种布局攻守变化多端，对攻激烈。

⑤车九平八　马2进3

⑥兵七进一

红方如果希望走成稳健的局面也可以选择炮八平九，平炮亮车后迅速开动左翼子力。现红方挺七兵形成"两头蛇"，目的是活通双马，然后伺机再出横车组织攻势。

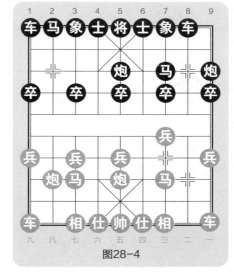

图28-4

⑥……　　　车1进1

黑方针对红方的部署，尽快出动右横车投入战斗，实施以急制缓的战略与红方相抗衡。

⑦车一进一

红方此时同样有马三进四进河口马和车一进一起横车两种选择，前者易形成双方对峙的局面，后者则通过内线调运子力形成相对复杂的阵地战局面，如何选择要根据红方的战略意图而定。

⑦……　　　车8进4

红方右车离位已失去邀兑争先的可能，黑方迅即升车巡河，借机兑卒活马舒展子力。

⑧车一平四　车1平4

黑方平车占据肋线，灵活应对。

⑨炮八平九

至此红方稍好，但是黑方后手布局寻求战斗的思路也得以实现，双方都可接受。

知识点3：注重次序

次序又称布局的手顺，是指行棋时走动子力的先后顺序。在布局中，先走哪个子，后走哪个子，对局面的演变有很大的影响。特别是在一些散手布局中，布局次序不同局面导向就有所不同。

【例局】

① 炮二平五　　炮8平5　　② 马二进三　　马8进7

③ 车一平二　　卒7进1　　④ 兵七进一

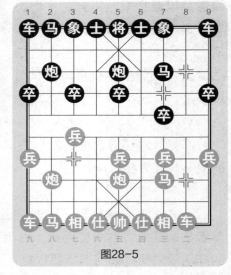

图28-5

如图28-5，双方以顺炮直车对缓开车布局列阵。黑方接下来常见的走法是马2进3，则马八进七，炮2进4，形成主流的变化。然而此时黑方如果有意改变行棋次序，先走炮2进4其结果将会如何呢？

④ ……　　　　　　炮2进4

黑方先走炮2进4的意图是进炮过河窥兵压马，牵制红方右车。

⑤ 马八进九

红方跳边马虽属冷僻变例，但是避开了黑方炮2进4的"胁迫"。

⑤ ……　　　　马2进3　　⑥ 车九进一

红方进车含蓄有力，既有车九平七以后捉炮的手段，又有等黑方2路炮"定型"之意。

⑥ ……　　　　炮2平7

黑方如改走车1进1，红方同样有炮八平七争先的手段。

⑦ 炮八平七　　象3进1　　⑧ 车九平四（红方先手）

知识点4：分清左右

象棋布局的"左""右"是指同一局面下调动左翼子力和调动右翼子力之间的区别。其中狭义的左右之别是指飞左相（象）与飞右相

（象），补左仕（士）与补右仕（士），左横车与右横车之间的区别，而广义的左右之别还包括进三兵（3卒）与进七兵（7卒）之间的区别。乍看之下，左右之别不影响战略的实施，但是其对棋形发展的走向有着非常大的影响。

【例局1】

如图28-6，红方先行。此时红方如走车二进四，则车9平8（平车邀兑，紧凑之着。迫使红方马上做出选择，红方如兑车，则不仅攻势被削弱，且主力车的出动速度不如黑方；红方如避兑，则黑方左车又可抢出助攻），车二平四，车1平4，黑方先手。

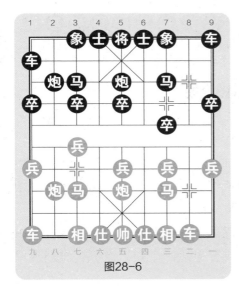

图28-6

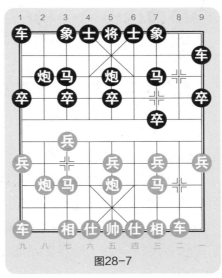

图28-7

而在图28-7中，红方可以走车二进四，则车9平4，仕六进五，车4进5，相七进九，车4平3，车九平七，红方先手。

【例局2】

如图28-8，红方先行。

① 马二进三　卒3进1　　② 车一平二　卒3进1

③ 马八进九　车9进1　　④ 车九平八　车9平4

⑤车二进四（红方主动）

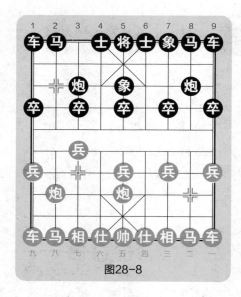

图28-8

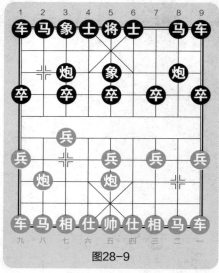

图28-9

而在图 28-9 中，红方更适宜的选择是：

①马八进九　车9进1　　②车九平八　车9平4

③马二进三　车4进3　　④车一平二　马8进9

⑤兵三进一（红方主动）

由此可见，飞左象与飞右象从战略上讲如出一辙，均有柔中带刚的特点，但在战术运用上却有所区别，各有所长。

随着近年来对象棋布局理论的深入研究，业界对布局的基本要求有了很多新的提法，但万变不离其宗，上述四个知识点仍是布局要求的核心。

课后练习

根据下列棋图，回答相应的问题。

第 1 题：当前局面下，轮到黑方行棋，黑方想把布局走向中炮过河车对屏风马进 7 卒的布局体系，此时应当如何处理？

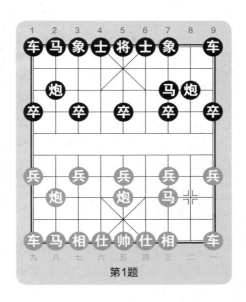

第1题

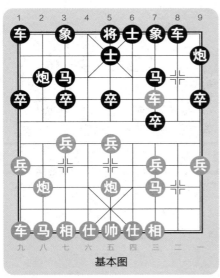

基本图

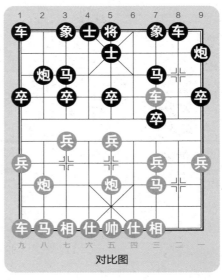

对比图

第 2 题：比较基本图与对比图的区别，并依据两图区别各自拟出双方后续可能出现的着法变化。

第 29 天

布局的思考方法

【**学习目标**】掌握并能够运用"定式对照法""形势判断法""以我为主法"三种方法来应对布局中出现的新着与飞刀。

知识点 1：定式对照法

定式对照法就是把当前的局面和自己熟知的布局定式相比较，重点对照两者之间的不同之处，来判断对方飞刀的要点。

①炮二平五　马 8 进 7　②马二进三　车 9 平 8

③车一平二　卒 7 进 1　④车二进六　马 2 进 3

⑤兵七进一　马 7 进 6

⑥马八进七　车 1 进 1

⑦兵五进一　卒 7 进 1

⑧车二平四　马 6 进 8

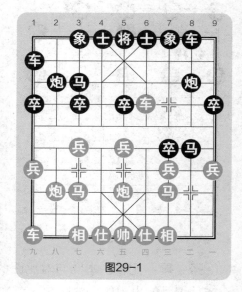

图29-1

如图 29-1，黑方马 6 进 8 这着棋是黑方祭出的一把"飞刀"。如何去应对马 6 进 8 这着棋呢？这里可以采用"定式对照法"进行对比。

红方车二平四以后，常见的定式选择有马 6 进 7（图 29-2）和卒 7 进 1（图 29-3）两种。

着法一：马6进7

⑨马三进五　车1平7　　⑩兵五进一　士6进5

⑪兵五进一　卒7平6　　⑫车四退二　马7进5

⑬炮八平五　车7进8　　⑭车四平二　炮2进4

⑮车九进一（红优）

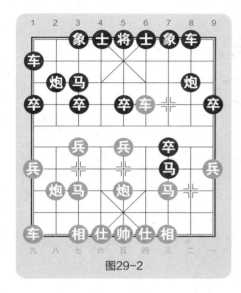

图29-2

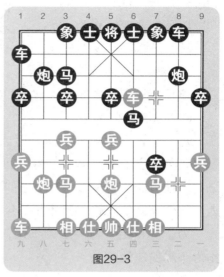

图29-3

着法二：卒7进1

⑨兵五进一　卒7进1　　⑩兵五进一　士4进5

⑪车四退一　车1平4　　⑫兵五平四　象7进5

⑬炮八平九　车4进5　　⑭车九平八　炮2进4

⑮车四平二（红方易走）

依据已经掌握的布局定式，不难发现黑方马6进7以后，红方可以从容走兵五进一，黑方反击的机会不多；而卒7进1的选择对红方子力直接形成冲击，双方容易短兵相接形成对攻的局面。

回过头来，我们分析黑方马6进8的选择，虽然与卒7进1都是在攻击红方三路马，但是黑方整体子力是由中心向外侧展开的，与卒7进1黑方围绕中心区域的进攻是截然不同的。黑方马6进8与马6进7的比较时，我们不难看到红方均可以贯彻中路进攻的意图。如马

6进7，则马三进五，如果以后黑方马7进5换炮，则炮八平五打马，保持中路攻击，红方占优；而黑方选择马6进8时对红方中炮不构成威胁，既然马换炮红方可以选择中攻，那么马6进8时，红方依然可以选择中攻。

综上所述，通过两种定式的对比，我们可以找到红方应对马6进8的着法——马三进五！

以下的演变进程为：

⑨ 马三进五　卒7进1　　⑩ 兵五进一　卒5进1

⑪ 马五进三　炮8平5　　⑫ 车四平七　车1平3

⑬ 仕六进五　车8进1　　⑭ 马三进五　士6进5

⑮ 兵七进一（红优）

定式对照法的好处在于，可以迅速帮助棋手找到飞刀的"棋眼"。不足之处主要有两点：一是棋手要知道足够多的布局定式以便做出衡量和对比分析，这对初学者的要求较高；二是定式对照法只能为演变提供一个大体的思路，而不是具体着法的细化。

为了弥补定式对照法的不足，棋手在实战中还会采用形势判断法作为布局的决策方法。

知识点2：形势判断法

形势判断法是根据布局原理和当前形势相结合，判断对手这着棋是攻击还是威胁。如果是攻击，那么要选择应对攻击的办法；如果是威胁可以通过补棋、联络等手段消除局面上的威胁。如果判断对方所走的这着棋既没有攻击，又不是威胁，那么就可以按照自己预定的行棋计划，继续执行。

在上例中，黑方马6进8对红方三路马有攻击，红方首先考虑的是要解决三路马的受攻问题，显然马三进五要比马三退五好得多，因此把马三进五作为首选方案，是很正常的决定。

下面我们通过一则布局实例，来学习这一方法。

① 炮二平五　马8进7　　② 马二进三　车9平8

③车一平二　卒7进1　④车二进六　马2进3

⑤兵七进一　马7进6　⑥马八进七　象3进5

⑦兵五进一　卒7进1　⑧车二平四　卒7进1

⑨车四退一　卒7进1（图29-4）

现轮到红方行棋，红方要制定什么样的计划才能保持先手呢？

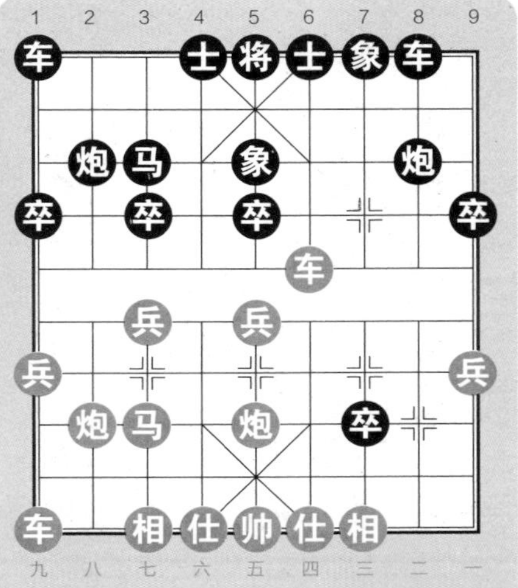

通过形势判断，不难看出黑方阵形上最大的弱点是8路线上的车炮无根，黑方7卒虽然过河，但是没有后续子力配合，孤掌难鸣。因此，红方首先的计划是车四平二，不给黑方炮8进7形成车炮卒配合的机会。

⑩车四平二

平车拴住黑方左翼车炮，使之暂时不得自由活动，是红方布局的要点。

⑩……　　　车1进1

黑方出右横车与左翼联络。

⑪兵五进一　卒5进1　⑫车二平五　炮2退1

⑬马七进六　炮2平5　⑭车五平二　炮5进6

⑮相七进五　卒7进1　⑯车九进一　车1平7

⑰马六进四（红方满意）

因此我们可以得出结论，红方宜将车四平二作为应对飞刀的首选。

形势判断法的优点是可以快速准确找到局面的要点，缺点在于形势判断法是典型由局部反推全局的选择。思考时虽然是就棋论棋，针对对方的某一着棋，但是思考时要注重局部与整体的联系，对棋手的大局观有很强的要求。

在实战中，如果棋手既找不到定式，形势判断能力又不够强，那么往往会采用第三种应对方法——以我为主法。

图29-4

知识点 3：以我为主法

以我为主法就是在应对新变或飞刀时，仍然把既定方案作为第一选择，先把对方的飞刀棋放在一边不予理睬，按原定计划执行，待找出原定方案与对方飞刀棋的结合点后，再重新审定局面，确定新的方案。

①炮二平五　炮 8 平 5　　②马二进三　马 8 进 7

③车一进一　车 9 平 8　　④车一平六　车 8 进 5

如图 29-5，黑方这一手常见的走法是车 8 进 4，现选择车 8 进 5 进骑河车，红方要如何应对呢？

⑤马八进七

当黑方是巡河车时，红方左马正起稳健有力，现在黑方骑河车，红方仍可以做出这样的选择。

⑤……　　　　　马 2 进 3

⑥车六进五

在黑方是车 8 进 4 时，红方首先是兵三进一，利用左肋车带动右马跃出。现在黑方是骑河车，

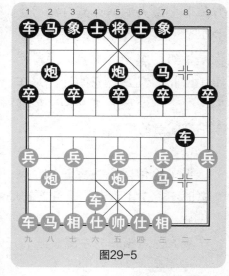

图29-5

显然是控制了红方三、七兵的活动，进而控制了红马的出路。那么红方改走车六进五伸卒林，威胁黑弱马，是局面直觉的第一选择。

⑥……　　　　炮 5 平 6

在车 8 进 4 的前提下，黑方有炮 2 进 2 和车 8 平 3 两种走法，现在黑车显然失去车 8 平 3 的机会。而如果选择炮 2 进 2，则车六平七，炮 2 平 7，马三退五，车 1 进 2，车九平八，红方易走。

⑦兵五进一　象 3 进 5　　　⑧马七进五（红方先手）

通过分析我们不难发现，黑方车 8 进 5 以后，红方面临的最大问题是失去了马三进四配合横车中炮威胁黑方中路的机会。那么红方可以选择暂时不走兵三进一或兵七进一的变化，而是先把双车炮走活，

以后逼黑方骑河车离位来保持先手。

由此我们可以确定，红方走马八进七是应对飞刀的首选着法。

以我为主法的优点在于简单明了，缺点是棋手要在反复对比中，做大量的计算，不断地修正自己的思路，对棋手的计算能力要求很高。

以上三种方法各有特点，我们的最终目标是学会把以上三种方法结合起来，分析对照，反复计算、判断，来寻找最佳的应对方案，而不是简单地把三种方法割裂开来使用。

课后练习

根据下列棋图局面，回答下面的问题。

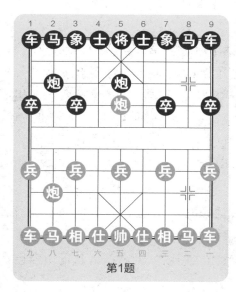

第1题

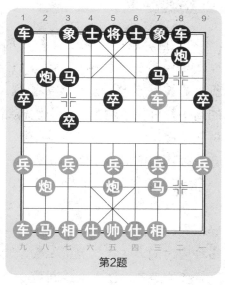

第2题

第1题：双方以顺炮布局列阵，红方第二回合没有走马二进三而是选择炮五进四打中卒，黑方要如何应对？你又是如何评价红方第二回合炮五进四这着棋的？

第2题：当前局面下，红方常见的选择是车三平二，实战中红方选择车三退一的走法，黑方要如何应对？

第 30 天
复盘与打谱

【学习目标】学习复盘与打谱的基本技巧和相关思路，帮助棋手提高打谱和实战后复盘的能力。

知识点 1：复盘方法与步骤

"复盘"也称"复局"，指对局完毕后，复演该盘棋的记录，以检查对局中着法的优劣与得失。一般用以自学，或请高手给予指导分析。如按照棋谱排演，类如复盘，称"打谱"或"研阅棋谱"。下棋的高手都有复盘的习惯，一盘棋结束以后，双方棋手把刚才的对局再重复一遍，这样可以有效地加深对这盘棋的印象，也可以找出双方攻守中存在的漏洞，是提高棋艺水平的好方法。棋手平时在训练的时候大多数时间并不是在和别人搏杀，而是把精力用在复盘上。

通过复盘，当某种熟悉的、类似的局面再次出现在你的面前的时候，你往往能够知道自己应该如何去应对，在你的脑海中就会出现好多种应对的方法，并且能敏锐地觉察出当前所处的状态，从而对自己下一步的走向做出正确的判断。

第一步：回顾全局

回顾的目标主要是整个对弈过程中，自己的思考方法和形势判断的要点。下面我们用笔者当年执黑胜的一盘棋局为例，回顾全局。

① 炮二平五　马 2 进 3　　② 马二进三　炮 8 平 6

③车一平二　马8进7　　④兵七进一　卒7进1

⑤车二进六

双方形成中炮过河车对反宫马的基本阵形。临场红方车二进六的走法，超出笔者的布局计划范围，原本考虑红方会选择炮八平六或炮八进四以五六炮或五八炮的攻法作为布局选择。从棋理上分析，红方右车过河，以限制黑方7路马的活动为契机（主要限制黑方马7进6的反击手段），配合中炮进七兵对黑方实施两翼牵制和中路进击的作战方针。从这一意义上讲，红方此种布局格调沿袭了"中炮过河车对屏风马"布局中的某些战术构思。

⑤……　　士4进5

临场笔者进入长考，首先排除了马7进6的选择，因红方有兵七进一，卒3进1，炮八平七的攻击，黑方只能马6退5，这样黑方子力位置太差，红方大优；其次考虑最为常见的车9进2高车保马的下法，以后退右炮左移打车，考虑红方以后有炮八进四、兵五进一、炮八平七等选择，其中兵五进一的变化笔者不熟悉，可能会进入红方擅长的体系之中，所以放弃这路变例。选择士4进5的优点是先巩固好自己阵地，是坚实的下法。

⑥马八进七　车9进2（图30-1）

原本的第一感觉是炮6进5进炮打马，否则士角炮就会失去应有的作用。当时计算的着法是炮6进5，炮五进四，马3进5，炮八平四，马5进6，车九平八，炮2平5，仕四进五，再选择马6进7（红方可以先弃后取得回失子）或者直接炮2平5，双方都可以接受。考虑到积分形势，对手比我多1分，又是最后一轮，如果太过求稳，笔者得夺冠机会更小，于是放弃了这路变化。选

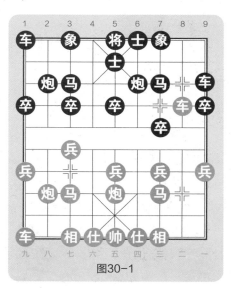

图30-1

择车9进2高车的走法，准备以后可以通过车9平8调整左翼马、炮的位置。

⑦马七进六　车9平8

红方车、马、炮三子剑指中路，黑方如果再走车9平8，红方车二平三，中路问题仍然没有得到解决。所以象3进5飞象巩固中防，才是黑方的首要选择。实战中笔者形势判断出现误区，误以为炮6退1再炮6平7的反击力量强大，所以选择车9平8兑车的棋，实战证明，这一选择并非佳着。

⑧车二平三　炮6退1　　⑨炮八平六

红方平炮以后阵形工整，小先手在握。此时笔者陷入沉思，如直接走炮6平7，则车三平四，车1平2，车九平八，炮2进1，马6进7，红方子力位置要好于黑方。如不走炮6平7打车似又心有不甘。在打与不打之间衡量再三，决定先车8进3捉马试一下红方应手。

⑨……　　　　车8进3　　⑩兵三进一　车8平7

⑪马六进四

临场考虑红方可以车九平八抢先手，待黑方车1平2后再马六进四，以后炮6平7，车八进七，车2进2，车三进一，红方先手。但是实战中红方直接进马对黑方的右翼失去牵制，让笔者看到了机会。

⑪……　　　　炮6平7　　⑫车三平四

此时黑方的机会就在于此，通过平炮打车变被动为主动，牵制住红方的车、马。

⑫……　　　　车7平3　　⑬车九平八　车1平2

⑭车四进二

此时红方已经感觉到黑方的反击之势，进车寻求交换，希望简化局面。

⑭……　　　　马7进6　　⑮车四平三

局后复盘时我们发现红方此时可以走车四退三，这样车位更灵活一些。如车四退三，则象7进5，车四进一，炮2进3，红方左车被封，但右车位置尚可，要比实战顽强得多。

⑮……　　　　象3进5

临场的第一感觉是红方车位不佳，不能让红车轻易退回来重新投入战斗，所以制订了一个困车的计划。

⑯ 车三平四　车3退1　　⑰ 车八进四

红方不能车四退二，否则卒7进1，黑方先手扩大。

⑰ ……　　　炮2平1

见着拆着的选择，黑方仍然把卒7进1作为进攻的发起点。

⑱ 车八进五　马3退2　　⑲ 炮五进四　卒7进1

行棋至此，黑方前景很好。红方子力位置分散，车、马都无法投入战斗。

⑳ 兵五进一　卒7进1　　㉑ 马三退五　马6进4

进马这手棋过于随手，临场用时紧张误以为马6进4先手捉炮，忽略了红方马五进六的巧手。应走马6退4再马4进5，先手扩大。

㉒ 马五进六　车3进5（图30-2）

红方的巧手，对笔者的临场判断无疑是一场考验。虽然当时用时比较紧张，但是在关键时刻花费一些用时还是很必要的。第一方案是车3进2，以下炮六进二，车3平4，炮六平九，炮1平3，相七进五，卒3进1，黑方优势。但是带来的问题是黑方子力分散，没有好的攻击点，只能步步推进；第二方案是先弃后取，也就是实战走法。主要是考虑到红方炮六进二，车3进1捉炮，红方炮六进一或炮六进二，黑方都可以车3平5抽吃中炮。如果红方没有中炮那么红方进攻显然就要停滞下来，黑方满意。既然黑车随时可以捉红方吃马的六路炮，那么就车3进5吃掉底象，先得实惠，以后还有炮1进4侧翼进攻手段。考虑到这里，黑方吃底象就顺理成章了。

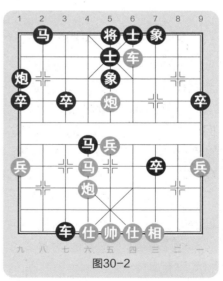

图30-2

㉓炮六进二　　　车 3 退 4　　　　㉔兵五进一

中炮是红方进攻的关键子，显然不想轻易放弃。

㉔……　　　　　车 3 平 4　　　　㉕马六进四　　炮 1 进 4

至此，黑方所有的战术构思都已经实现，棋局自然进入黑方的掌控之中。

㉖马四进六　　　马 2 进 4　　　　㉗马六进五

吃象奋力一搏是红方唯一的选择。

㉗……　　　　　马 4 进 5　　　　㉘兵五进一　　车 4 平 5

㉙仕六进五　　　炮 1 平 5

这是一手好棋，直接车 5 退 2 反而给红方透松局势的机会。

㉚相三进五　　　车 5 平 2　　　　㉛帅五平六　　车 2 平 4

㉜帅六平五　　　车 4 退 3

红方认负。

第二步：对局关键点小结

在这一步中我们要找到对局的转折点并分析产生的原因，拟出最佳方案。

本例在开局阶段红方仍持有小先手，进入中局时，红方在第 11回合放弃对黑方右翼的牵制，进马急攻后陷入被动，成为棋局的转折点之一。

如图 30-3，红方先行。当前局面下，红方实战走马六进四急攻黑方 7 路马，但是黑方炮 6 平7 反击后，红马反而受攻；并且红方马六进四后，由于黑方 6 路炮（后转移成 7 路炮）的保护红方并没有连续进攻手段，红马的进攻作用不大，造成失先的局面。

红方正确的选择是：

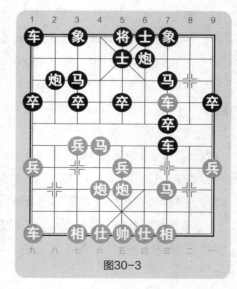

图30-3

①车九平八

出车牵制黑方右翼子力，具有大局观的选择。以下黑方有车 1 平 2 和炮 6 平 7 两种应法。

着法一：车 1 平 2

①……　　　　车 1 平 2　　　②马六进四

在红方有牵制的情况下，进马的威力就得以发挥出来。

②……　　　　炮 6 平 7　　　③车八进七

红方通过一车换二，消除黑方防守能力。

③……　　　　车 2 进 2　　　④车三进一　车 2 进 2

黑方如炮 7 平 9，则相三进一，车 7 平 3，炮五进四，象 7 进 5，马四进五，红方一马搏双象，以下象 3 进 5，车三平五，马 3 进 5，车五平八，红方净多双象，优势。

⑤相三进一　车 7 平 3　　　⑥马四退三（红优）

着法二：炮 6 平 7

①……　　　　炮 6 平 7

黑方平炮打车，抢先化解危机。

②车三平四　车 7 平 4　　　③车八进七　车 4 进 2

④车八平七　象 7 进 5

黑方进象防止红方车四进二捉死炮。

⑤车七退一（红方稍好）

第三步：找到思维盲区

对局过程中，有时会陷入思维盲区（因惯性思维或固有认知本能的避开了一些思考问题的角度，造成对问题认识不全面），同一局面有多种选择时，忽略了其中的一些精巧的构思或精巧的着法。在复盘时找到思维的盲区，对提升棋力有很大的帮助。

如图 30-4，黑方先行。本局进行到 19 回合时，黑方陷入一个思维的盲区，此时有多种选择，第 1 选择是马 2 进 4、第 2 选择是卒 7 进 1、第 3 选择是炮 1 进 4。

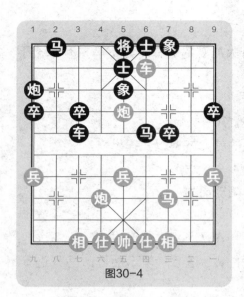

图30-4

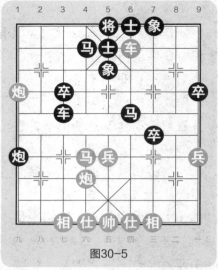

图30-5

实战中由于时间稍显紧张，黑方最终选择了对红方最有压迫性的走法卒7进1。而在走卒7进1之前，黑方花费了大量时间去计算马2进4的方案。

① ……　　　马2进4　　②炮五平九　卒7进1

③马三退五　炮1进4　　④马五进六（图30-5）

显然红方走到这样局面后局势要轻松了很多，黑方还要选择后续的防守，当时计算是马6进4先弃后取，黑方后续进攻子力不够，攻击难以成型。

局后复盘时，考虑黑方炮1进4的选择过缓，太追求整体性，反倒忽略了简单的手段，黑方炮1进4这着棋如改走马6进5，进攻节奏就会更快，试演如下：

③ ……　　　马6进5　　④马五进六　车3进2

⑤马六进五

红方如改走炮六进六，则车3平4，炮六平七，象5进3，以后有炮1平5的攻击手段，黑方大优。

⑤ ……　　　车3进3　　⑥炮九平八　马5退3

⑦马五退七　车3退4（黑方大优）

知识点 2：打谱的技巧

按照棋谱演练着法，是提高棋艺水平的重要方法之一。

第一步：记谱

记谱就是把打过的棋谱从头到尾摆几次，最终达到能够把全盘默摆下来。在这个过程中，偶尔会遇到"卡住"的地方要重点记下来，往往这部分内容是和自己平时棋理或局面认知有冲突的地方，卡住了不要紧，多想几个变化，看看你想的变化中有没有和实战相同的选择。以下举一例实战对局来加以说明。

2021 年第十四届全运会群众比赛象棋决赛

郑惟桐　胜　李翰林

① 兵七进一	炮 2 平 3	② 炮二平五	象 7 进 5
③ 马八进九	马 2 进 1	④ 车九平八	车 1 平 2
⑤ 炮八进四	士 6 进 5	⑥ 马二进三	马 8 进 7
⑦ 兵三进一	车 9 平 6	⑧ 车一平二	炮 8 退 2
⑨ 炮五进四	炮 8 平 7	⑩ 炮五退二	车 6 进 7
⑪ 车二进二	车 6 退 3	⑫ 相七进五	卒 7 进 1
⑬ 兵三进一	车 6 平 7	⑭ 炮五平三	马 7 进 6
⑮ 炮三进五	象 5 退 7	⑯ 马三进四	炮 3 平 6
⑰ 车二平三	车 7 进 3	⑱ 马四退三	车 2 进 2
⑲ 兵五进一	马 6 进 7	⑳ 兵五进一	炮 6 平 7
㉑ 马三退一	炮 7 平 9	㉒ 车八进三	车 2 平 7
㉓ 车八平四	炮 9 进 4	㉔ 车四进一	卒 9 进 1
㉕ 兵九进一	车 7 进 2	㉖ 炮八退五	车 7 平 5
㉗ 炮八平五	车 5 平 7	㉘ 马一进三	炮 9 进 3
㉙ 马九进七	象 3 进 5	㉚ 相五进三	马 1 退 3
㉛ 车四退一	马 7 进 9	㉜ 相三退一	车 7 进 3
㉝ 马七进五	车 7 平 5	㉞ 马五进四	士 5 进 6
㉟ 马四进六	将 5 进 1	㊱ 相一进三	车 5 退 4

㊲ 车四进三　　车5进3　　　㊳ 车四平七　　马3退1

㊴ 炮五进一　　将5平6　　　㊵ 仕六进五　　士4进5

㊶ 炮五平四　　车5平6　　　㊷ 马六退五　　车6退2

㊸ 兵七进一　　将6退1　　　㊹ 车七平八　　马1进3

㊺ 车八进三　　将6进1　　　㊻ 兵七平六　　象5退3

㊼ 车八平七　　马3进5　　　㊽ 车七平三　　马5进4

㊾ 车三退四

第二步：后着推演前着

在打谱的时候，受棋力或棋风等因素的影响，有些着法的用处我们可能一时想不明白。遇到这样的情况时，不要过多纠缠，要学会从后续的着法中寻找答案。

本例中，第 36 回合红方相一进三这着棋，可能一时很难看懂。但是可以通过后面的续着找到这着棋的作用。

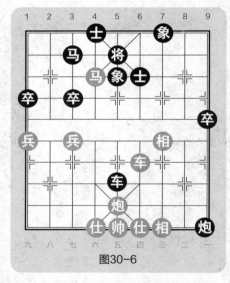

图30-6

如图 30-6，从子力作用分析来看，相一进三以后，红方可以车四平一闪击得子，更主要的作用是以后为中炮生根，既解除窝心炮的弱点又增加红炮的攻击力量。

㊱ ……　　　　车5退4

黑方车离险地，不给红方车四平一得子的机会。

㊲ 车四进三

红方利用顿挫战术为炮生根。

㊲ ……　　　　车5进3　　　㊳ 车四平七　　马3退1

㊴ 炮五进一

红炮生根以后，利用黑将位置不佳的弱点准备实施牵制战术，围绕牵制战术制定下一阶段的攻击策略。

第三步：寻找战术组合并思考战术组合发起的依据

中局的进程中，双方往往都在运用一些战术组合，这些内容都是我们要学习的要点。找到战术组合，并且认真体会双方攻守构思和行棋着法的用意，对我们提升中局实力将会有很大的帮助。

本谱中双方的战术组合比较多，简单以第14回合处的着法变化举例供大家学习参考，如图30-7。

⑭炮五平三

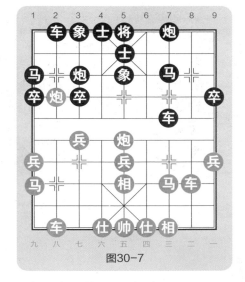

图30-7

平炮拦车的同时，双方进行第一次子力交换，红方兑子原因一是红方多一中兵且黑方2路车被封锁。黑方接受兑子的原因是可以通过兑子调形，尽快把大子投入到战斗中去。

⑭……　　　　马7进6　　⑮炮三进五　象5退7

⑯马三进四　炮3平6　　⑰车二平三　车7进3

⑱马四退三　车2进2　　⑲兵五进一　马6进7

⑳兵五进一

红兵顺利过河，红方略优。

第四步：边打谱边思考，多提几个为什么

我们在打谱过程中往往会遇到一些着法和我们的想法或直觉有所不同。这时候，我们不应把这种差别忽略过去，而要多提几个"为什么不这样走""为什么不去那样考虑"等问题，并努力找出答案。这有助于提升我们对局面的判断能力和计算能力。

例如本谱中第19回合，黑方为什么选择马6进7捉中兵，而不走车2平5捉中兵呢？

如图30-8，我们试演以下黑方选择车2平5捉中兵后的变化。

⑳车八进五

红方先手占据骑河车位置捉黑马，好棋！

⑳ ……　　　　　马 6 进 4

黑方如马 6 进 7，则兵五进一，红兵顺利过河。

㉑ 车八平六　　马 4 进 3

黑方如车 5 进 3，则炮八退二串打，黑方失子。

㉒ 兵五进一

红兵顺利过河，黑车无法吃掉中兵了。

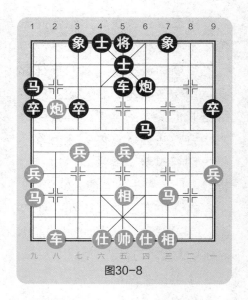

图30-8

第五步：找到败着

无论是"反向推导"还是"正向演变"，我们要尽自己最大的能力找到一盘棋败方的问题所在，这些问题就是"棋眼""焦点"，如果你能找到就意味着你的棋力提升了。

如图 30-9，黑方先行。实战中黑方选择马 1 退 3 以后准备马 3 进 4，显然是忽略了红方有兑子的战术手段，3 路马最终也没能参加战斗，反而成为红方利用的弱点。就图中的局面而言，黑方宜走车 7 平 8，以后车 8 进 5 攻击红方底线，黑方形势不差。

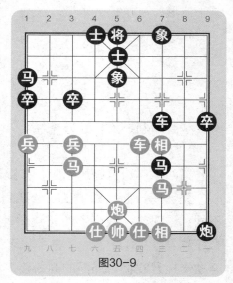

图30-9

第六步：拓展学习

对于打谱过程中遇到的布局变例或者残局定式，可以进行更为深入的学习，补充相关的知识。这部分内容可以参考相关的书籍或者登录棋谱网站查询。

如图30-10，红方先行。黑方象3进5时红方可以走马八进七跳正马，而象7进5后红方为什么选择马八进九跳边马呢？

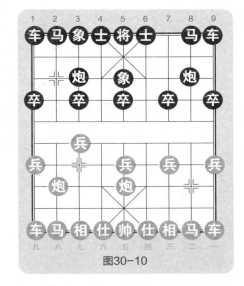

图30-10

这是因为黑方飞象方向的改变，局势已有了微妙的变化，现红方左马屯边，是随机应变的正确下法，如改走马二进三，仍按黑方飞右象的布置，而采取弃兵争先，已不合时宜。试演如下：马二进三，卒3进1，车一平二，卒3进1，马八进九，马2进1，车二进四，马1进3，炮五进四，士6进5，相七进五，马8进6，至此，由于黑方飞左象有马8进6踩炮争先的手段，红方显然失策。

关于打谱的建议主要有两点：

（1）打谱时不要急着使用象棋软件去拆解棋谱，尽量先以自我拆解为主。

（2）做好笔记，特别是局面构思方面的内容，要尽可能把思考的过程写清楚。

1. 找一盘自己的实战棋进行记录并复盘，总结其中的得失。

2. 选择一盘相对简单的古谱全局进行打谱，并找到失败一方输棋的主要原因。

课后练习参考答案

第1天

第1题

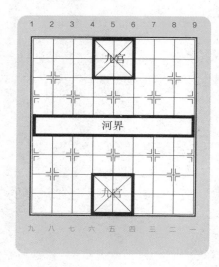

第2题

第3题

仕、相、士、象。

第4题

炮和马。

第5题

红帅选择更多，黑将只能退1吃炮，红帅可退一吃炮或进一吃马。

第6题

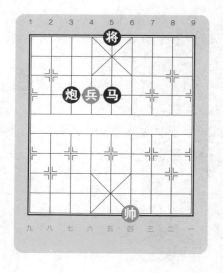

第2天

第1题

红车在 A 点或 B 点都可以同时捉住黑马和黑炮。

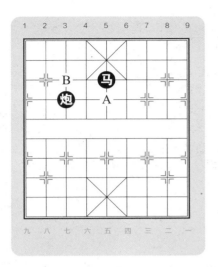

第 2 题

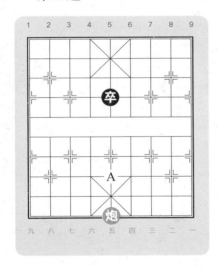

红相放在 A 点上。

第 3 题
两种选择，进四吃卒或退四吃炮。

第 4 题

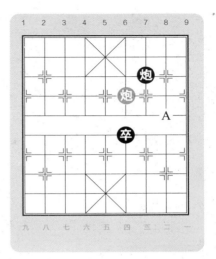

红马在 A 点。

第 5 题
都是需要走四步棋。

第 3 天

练习题

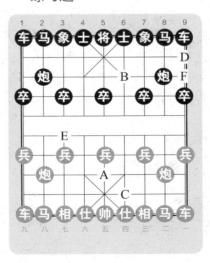

第4天

第1题
用马吃掉黑车。

第2题
红方选择炮二平七吃黑马最有利，接下来车8进2吃红车，炮七退四吃黑车，红方多吃一马。

第5天

第1题
帅五进一、相一退三或相五退三。

第2题
①马五退四

第3题
①炮二进六

第4题
①炮三进六

注：红方走炮三进七不是做杀，黑方可以马7进5，红方无法形成绝杀。炮三进六以后，黑方如马7进5，红方可以炮三平五形成困毙。

第6天

答案不唯一，略。

第7天

第1题
①车四进六　将6平5

② 车二进一　士5退6
③ 车四进二

第2题
①炮一平四　马4进6
②兵五平四　将6退1
③兵四平三

第3题
①车六平一　将4平5
②车一进二　将5退1
③马八进七

第4题
①兵五平四　将6退1
②兵四进一　将6平5
③兵四进一

第8天

第1题
①马六退四　将6平5
②马四进三　将5平6
③车六平四

第2题
①车八平五　士4退5
②车五退一　将5平4
③车五退三

第3题
①兵六平五　将5进1
②马五进三　将5平6
③车五平四

第4题
① 马四进六　炮2退6
② 炮三平四　士6退5
③ 兵二平三

第9天

第1题
① 车六平四　炮5平6
② 车四进六　将6平5
③ 炮八平五

第2题
① 车七平六　车6进7
② 马三退四　车1进2
③ 车六进二

第3题
① 帅五平六　炮3平4
② 车六退一　马7进5
③ 炮三进七

第4题
① 马六进四　将4平5
② 马四进三　将5进1
③ 炮二进二

第10天

第1题
① 炮五退五　车5进4
② 兵六进一　车5进1
③ 兵六进一　车5退5
④ 帅五平六　车5进6
⑤ 兵六进一

第2题
① 马三退五　车2进2
② 车六进一　将6进1
③ 马四进六　马7进6
④ 马五退三　将6进1
⑤ 马六退五

第3题
① 车五平六　车7平4
② 车六退二　马7退5
③ 马八进六　将5平4
④ 马六进八　将4平5
⑤ 车六进五

第4题
① 马六进五　炮3平4
② 马五退六　车7平5
③ 后炮进三　象7进5
④ 马六进五　马7进5
⑤ 后炮进三

第11天

第1题
① 帅四进一
红方运用等着。
① ……　　　士6退5
黑方如改走将5平6，则兵六平五，黑方困毙。
② 帅四平五　将5平6
③ 兵六平五（红胜）

第2题
① 帅四平五　将5平6

②帅五进一　士5进4
③帅五平六　士6退5
（和棋）

第3题

①兵三平四　象3进1
②兵二平三　将5平4

黑方如象1进3，则帅五平六，象3退1，兵三进一，红兵从底线杀入，以后兵三平四将军，绝杀。

③兵四平五　象1退3
④兵三平四　象5进7
⑤兵四进一　象7退9
⑥兵四平五（红胜）

第4题

①兵三进一　将5平6
②兵三平四　象5进3

黑方如将6平5，则兵四进一形成"二鬼拍门"的杀势，红方胜定。

③帅五平四　象3退5
④兵四进一　将6平5
⑤兵四进一（红胜）

第12天

第1题

①马四进二　将4进1
②马二进四　象9退7
③马四退三　将4退1
（和棋）

第2题

①马六进八　将4平5

黑方如将4进1，则马八退七，红方抽吃黑象。

②马八退七

黑象被捉死。

②……　　　将5进1
③马七进五　将5退1
④帅五平四　将5进1
⑤马五进七（红方胜定）

第3题

①马八进七　将5退1
②帅四退一

红方下将等着，有利于接下来进马控士。如改走马七进八，则将5平4，即成和棋。

②……　　　将5退1
③马七进八　将5进1

黑方如士4退5，则帅四平五，困毙；又如士6进5，则帅四进一，黑方仍要士5退6，红方马八退六吃士。

④马八退六

破士以后，形成单马例胜单士残局。

第4题

①车三平五　将6进1
②车五平一　象3进5
③车一进三　象5进7
④车一平二　象7退9
⑤帅五进一　象9进7
（和棋）

第 13 天

第 1 题

本例中黑方无士且卒位不佳，红方可以巧胜。

① 炮四平六

平炮控卒正着。必须趁着黑将未平 6 路线时，把黑卒控制在 3 路线上，然后调整红帅及仕的位置，红方才能取胜。

① ⋯⋯　　　卒 4 平 3
② 帅六进一　将 5 平 6

黑方如卒 3 进 1，则帅六退一，将 5 平 6，炮六平三，将 6 平 5，仕五进四，以后红方用炮捉死黑卒，红方胜定。

③ 帅六平五　卒 3 平 4
④ 仕五进四　卒 4 平 5
⑤ 帅五退一

红方退帅巧手，控制黑卒。

⑤ ⋯⋯　　　将 6 进 1
⑥ 炮六平五

黑卒被捉死，红方胜定。

第 2 题

① 兵三平四　士 6 进 5
② 炮二进一　将 4 进 1
③ 兵四平五（红方胜定）

第 3 题

① 兵七平六　象 7 退 9
② 炮五平六　士 4 退 5
③ 帅六平五　象 9 退 7

④ 兵六平五　将 5 平 6
⑤ 炮六平四（红胜）

第 4 题

① 仕五进六　象 3 进 1
② 兵三平四　将 4 平 5
③ 炮九平八　象 1 退 3

黑方如象 1 进 3，则炮八进六，将 5 平 4，兵四平五，红方胜定。

④ 炮八进八　将 5 平 4
⑤ 兵四平五

红兵占据宫心要点。

⑤ ⋯⋯　　　象 5 退 7
⑥ 炮八退七（红方胜定）

第 14 天

第 1 题

① 帅五平四　将 5 平 4
② 车一平五　将 4 进 1
③ 帅四平五　将 4 进 1
④ 车五平六　将 4 平 5
⑤ 车六退一（红方胜定）

第 2 题

① 帅五平六

黑方必失一象，红方胜定。

第 3 题

① 车二平五

红方平车牵制黑方双士双象。

① ⋯⋯　　　将 6 进 1
② 车五平四　士 5 进 6

③帅五平四

红方出帅助攻，迫使黑方支士。

③……　　　　士4进5

④车四平二

红方准备借助帅力，吃掉黑方中心士。

④……　　　　象3进5

⑤车二进三　将6退1

⑥车二平五（红方胜定）

第4题

象在九宫中只能守护一个点，不如士与将联系紧密，无法守和单车的进攻。

①车四平六　将4平5

②车六平五　卒4进1

③车五退三　将5退1

④车五进六　将5平4

⑤车五平六　将4平5

⑥车六退七（红方胜定）

第15天

第1题

①马六进五

红方进马交换，意在多谋一士。

①……　　　　马4退2

黑方如改走马4退3，则车六进二，象7进9，车六平七压住黑马后，红方再马五退七、马七进六、马六进八、马八进六塞

住象眼，红方得马胜定。

②车六进二　马2进1

③车六平九　马1退3

④车九进一　马3退4

⑤马五进四

红方白吃一士，胜定。

第2题

①马四退二　车1平5

②仕六进五　车5平6

③马二进三　将6进1

④车三退二　将6退1

⑤车三进一　将6退1

⑥车三进一（绝杀，红胜）

第3题

①车七进二　将4进1

②炮五平六　车2进4

③帅六进一　车2退1

④帅六退一　车2退6

⑤车七退七　士5退6

⑥炮六进七

得士后，红方胜定。

第4题

①炮五退一　车5平6

②车六平五　将5平6

③炮五退一　象1进3

④帅六退一　将6退1

⑤仕四退五　车6退5

⑥车五平四

兑车后，形成炮单仕必胜单象的局面。

第16天

第1题
目的分析：红方进马意在下一步马六进七，将5进1，马七退九，抽吃黑炮。

第2题
目的分析：红方平炮一来意在解将，二来是拴住黑方中路马。

第3题
目的分析：红方进马一来意在避开黑车捉吃，二来有借将抽吃黑炮的手段。

第4题
目的分析：红方邀兑炮意在诱使黑方动炮后，车八进九杀棋。

第17天

第1题
①炮五进四

红方抢占中路。

①……　　　　士4进5

②车八进八（红优）

第2题
①车九平六

红方平车抢占肋线，正确的选择。

①……　　　　马2进1

②马七进八　　车1进1

③车六进七　　炮3退1

④车六进一（红优）

第3题
①车二进三　　卒3进1

②马七进八　　象3进5

③兵七进一　　车4平3

④兵三进一　　士4进5

⑤兵三进一　　车3平7

（红方稍好）

第4题
①马四进六　　炮3退1

②仕六进五　　车7退2

③前马进四　　士6进5

④炮八进五

红方有攻势，占优。

第18天

第1题
①马七进六　　前炮进4

②马六进四　　前炮平9

③相五退三　　车8进4

黑方保留空头炮形成攻势，黑优。

第2题
①炮二进六　　将4进1

②马三退四　　将4进1

③马四退二　　炮2退1

双方对攻中，红方更主动。

第3题
①车二平五　　马5进7

②车五进二　　士6退5

③车五退二　马7进5
④车五退一　车9平7
双方大体均势。

第4题
①炮五进四　士5进6
②车六平五　将5平4
③车四平六　将4进1
④马三进四　将4退1
红方已成杀势，大优。

第19天

第1题
①车六平三　马7进6
②车八进一（红优）

第2题
①炮三平一　将5平4
②炮一退一（红优）

第3题
①炮五退五　车8进3
②炮五平六　车8平4
③车七退三（红优）

第4题
①炮二平一　车3平2
②炮一进一　马9退8
③车六进三（红优）

第20天

第1题
①车七进四　士5退4

②车七退三　士4进5
③车七平四（红方大优）

第2题
①相五退七　炮1平4
②车三平八（红方大优）

第3题
①车五进三
红方进车叫杀，兼亮马捉车!

第4题
①炮五平四　马4进6
②仕四退五
黑车被捉死。

第21天

第1题
①仕五进四　车8退2
②相一进三　车8进3
③仕四退五
黑车被拦截。

第2题
①马五进七　炮7平3
②车八进六　马8进7
③炮七平八（红方得子）

第3题
①马九进八　炮2平5
②相七进五（红方得子）

第4题
①车八平四　士5进6
②车四平二（红方得子）

第 22 天

第 1 题

①车七进六

正确的下法。红方如马八进七，则车7平3，车八退五，和棋。

①……	车 7 平 3
②马八进七	车 2 退 5
③马七进八	士 6 进 5
④仕四退五	

形成单马巧胜双士残局，红方胜定。

第 2 题

①炮八进七

红方弃中炮，直接底线叫将，准确抓住黑方棋型的弱点。

①……	象 5 退 3
②车七进三	将 5 平 6
③车七退二	将 6 进 1
④炮八平二	马 7 退 8
⑤车一平二	

兑车好棋，继续削弱黑方防守力量。

⑤……	车 8 进 5
⑥马三退二	卒 6 平 5
⑦车七平二	

黑马被捉死，红方胜定。

第 3 题

①兵五平六	士 5 进 4
②炮五平六	士 4 退 5
③车七退一	将 4 退 1
④马四进六（红胜）	

第 4 题

①炮二平五	士 6 退 5
②车一进五	马 7 进 6
③兵六平五	将 5 平 4
④车一平四（红胜）	

第 23 天

第 1 题

①车六进六	象 3 进 5
②帅五平四	车 3 平 5
③炮五进三	车 8 平 7
④炮五进二	士 5 进 4
⑤炮五退四	将 5 平 4
⑥车四进一	将 4 进 1
⑦炮七平六	士 4 退 5
⑧炮五平六（红胜）	

第 2 题

①炮二进六	炮 4 退 1
②车四平五	士 6 进 5
③车六进七	将 4 平 5
④车六退三	将 5 平 6
⑤炮五平四	炮 6 进 7
⑥车六平四	士 5 进 6
⑦车四进二（红胜）	

第 3 题

①马七进八	将 4 平 5
②车七进二	士 5 退 4
③车七退四	士 4 进 5
④车七平六	炮 4 进 3
⑤马八进九	车 8 退 7
⑥马九进八	车 8 平 4

⑦马八退六　炮4退3

⑧兵七进一（红方大优）

第24天～第27天

答案略，正文中查找。

第28天

第1题

②……　　　　　卒7进1

黑方抢进7卒，将布局引入进7卒的布局体系中。

③车一平二　车9平8

④车二进六　马2进3

⑤兵七进一

双方形成中炮过河车对屏风马进7卒的典型布局。

第2题

基本图与对比图区别在于黑方补士的方向有所不同。基本图中黑方阵形厚实，两翼发展均衡；对比图中黑方左翼相对薄弱，右车出动会受到影响。

基本图着法：

①……　　　　　士4进5

②兵五进一　炮9平7

③车三平四　卒7进1

④马三进五　卒7进1

⑤马五进六（红方主动）

对比图着法：

①……　　　　　士6进5

②兵五进一　炮9平7

③车三平四　卒7进1

④兵三进一　卒5进1

⑤相三进一（红方主动）

第29天

第1题

②……　　　　　士6进5

③马二进三　马8进7

④炮八平五　车9平8

⑤马八进七　马2进3

⑥前炮退一　车1平2

⑦车九平八　炮2进4

评价：红方炮五进四这着棋不好，红方原本可以先行亮出右车，但是被黑方马8进7抢先捉炮后，黑方反而先行出动左车，布局至此，黑方满意。

第2题

①……　　　　　炮8平3

②炮八平七　车8进2

③马八进九　象3进5

④车三退一　炮3平7

⑤车三平八　车1平2

⑥兵三进一　马7进6

（黑方主动）

第30天

答案略。